I0150197

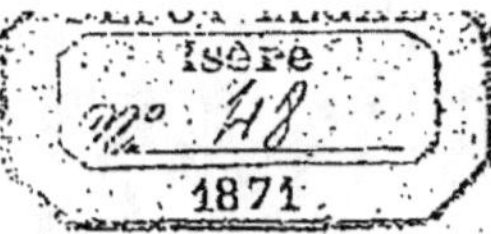

1871

LA RETRAITE

DE

L'ARMÉE DE L'EST

ET

L'OCCUPATION PRUSSIENNE

DANS L'ARRONDISSEMENT

DE PONTARLIER (DOUBS)

PAR

P.-Ant^e PATEL

Capitaine du 1er empire; avocat; membre du Conseil général du département du Doubs.

GRENOBLE
IMPRIMERIE DE PRUDHOMME, RUE LAFAYETTE, 14

1871

MON CHER FILS **CHARLES**, AVOCAT A ALLEVARD (ISÈRE),

A 49 ans, tu n'as pas hésité à prendre les armes pour courir au secours de notre patrie en danger, et à partager, comme *simple soldat*, les fatigues et les périls de tes concitoyens. J'ai approuvé ta détermination sans te la conseiller, car je comprenais le sacrifice que tu faisais, en abandonnant aux hasards des combats ta femme chérie et tes intérêts personnels.

Pendant que tu te battais dans les alentours de Dijon, les 21, 22 et 23 janvier, ton pays natal allait être le théâtre d'une retraite sans exemple.

C'est ce désastre qui s'est passé sous mes yeux, que j'ai cherché à raconter dans les pages que je t'adresse comme un douloureux souvenir.

Moi aussi j'ai offert le secours des forces qui me restent. Mais si, à 80 ans, j'ai trop présumé de moi-même, je n'ai jamais éprouvé ni pusillanime découragement ni doute sur l'avenir de la France.

PATEL.

Pontarlier, le 15 juin 1871.

SOUVENIR DE 1871

En 1814 et 1815, j'assistais aux invasions des armées ennemies dans l'arrondissement de Pontarlier. Je ne pensais pas alors que je serais, en 1871, témoin d'une autre occupation bien plus terrible. Il m'a été réservé, dans l'intervalle d'un peu plus d'un demi-siècle, d'assister deux fois à ce spectacle douloureux.

J'ai fait imprimer en 1865 mes souvenirs de cinquante ans. Je vais aujourd'hui raconter les faits du moment; je les ai recueillis jour par jour, tels qu'ils se sont passés sous mes yeux ou qu'ils sont parvenus à ma connaissance. Beaucoup m'auront échappé, mais, de l'ensemble de ces faits et des conséquences à en tirer, il sortira de terribles enseignements pour mes compatriotes. Je les transmets en toute sincérité et sans déguisement, pour servir à l'histoire de cette époque néfaste.

Ces faits sont tristes à raconter, mais la vérité ne doit pas avoir de voile : taire le mal, c'est le flatter ; et je suis fier d'offrir, comme garantie de mon impartialité et de mon indépendance, en ces temps de calcul personnel et de corruption, une conscience qui ne s'est jamais vendue et qui n'est point à vendre.

On trouvera peut-être que j'ai relaté trop minutieusement les faits. Pour mon excuse, j'invoquerai ce qui a été dit très-excellemment par un remarquable publiciste de nos jours (1) : « Les phrases générales ne

(1) Francisque Sarcey.

» prouvent jamais grand'chose; les faits particuliers ont cela de bon, » qu'ils portent en soi un irrécusable caractère de vérité. »

Il me paraît utile de remonter, d'une manière sommaire, aux évènements qui ont amené la chute dont la France est victime; c'est le moyen d'enchaîner les idées et d'apprécier les faits.

Lorsque Louis Buonaparte, président de la République, eut, par un parjure audacieux, par les proscriptions et en versant à flots le sang français, usurpé le trône de France, il ne s'y maintint que par la corruption, le bannissement, et par les récompenses qu'il accorda à ses complices, adhérents et courtisans, en puisant à pleines mains dans le trésor public les sommes énormes qu'il distribua à leur avidité.

Il professait comme axiome : que la première qualité, aux yeux des souverains, est l'attachement à leurs personnes, et qu'on peut s'affranchir du devoir et de la vertu, quand le prix du crime en vaut la peine. Mais il y a un axiome plus vrai : c'est que la politique n'a pas le privilége d'innocenter les forfaits.

Ce système sembla lui réussir, car on vit enchaîné à sa politique de fourberie les dignitaires et les fonctionnaires publics. On les vit se réunir comme un seul homme pour appuyer la dictature de ce despote dans des élections officielles, à la suite desquelles venaient les récompenses ou les destitutions.

Toutefois, ce système corrupteur ne pouvait étouffer la conscience publique. Elle se révolta avec plus d'ensemble dans les élections de 1869. Le pouvoir fut obligé de compter avec la chambre des députés et, se voyant débordé, il eut recours à la ruse et à la fourberie, ses moyens ordinaires.

Un plébiscite à deux tranchants fut soumis à la nation. D'après la gent officielle, dont l'*activité* a été *dévorante*, dire *oui*, c'était assurer la dynastie de Napoléon et le principe des libertés civiles et politiques de 1789; c'était créer une ère de prospérité à la France; c'était maintenir la paix proclamée à Bordeaux; c'était frapper ces anarchistes, ennemis de la société et de la famille, comme si ces démagogues n'avaient pas été soulevés des bas-fonds de la société par l'empire lui-même, qui les a tolérés dans leurs écarts afin d'épouvanter les populations crédules et de bonne foi : témoin ce réquisitoire du procureur général Grandperret, lancé au moment du plébiscite contre des gens accusés d'un complot imaginaire contre la sûreté de l'Etat et la vie de Louis Buonaparte; dire *oui*, c'était, en un mot, appeler sur la France tous les bienfaits d'un gouvernement pacifique fondé sur l'ordre et la liberté.

Dire *non*, c'était paralyser le développement de l'industrie et du commerce; c'était provoquer la guerre et les malheurs qui en sont la conséquence; c'était enlever à la France cet état de prospérité dont l'empereur se donnait tout le mérite, comme s'il eût été l'arbitre du genre humain, et s'il n'avait pas, par l'isolement de la France et par ses traités de commerce, plutôt paralysé que favorisé le développement de l'industrie et du génie de la nation.

C'est sous l'impression de ces idées répandues dans le public qu'il a été procédé au vote de ce plébiscite, calqué d'une manière captieuse sur ceux du premier empire. Aussi Napoléon a-t-il obtenu 7,500,000 oui, contre 1,500,000 non; et, chose à remarquer, c'est dans l'armée que la plus grande opposition s'est manifestée: la raison en est que l'armée, qui, comme toujours, suivait le mouvement national, sentait que les liens d'affection entre la France et l'empereur se relâchaient sensiblement.

La chambre des députés poursuivait le cours de ses délibérations, lorsqu'elle fut péniblement émue par la déclaration apportée à la tribune que la France allait faire la guerre à la Prusse. Malgré que, d'après la constitution et le plébiscite, le pouvoir exorbitant de déclarer la guerre appartînt à l'empereur seul, des objections sérieuses furent adressées au ministère sur les causes assez futiles de la guerre et sur les moyens de la soutenir. Le ministre de la guerre répondit que tout était prêt pour cette guerre où, disait-il, l'honneur de la France se trouvait engagé.

On n'est que trop instruit des défaites successives de nos trois corps d'armée à la frontière et des capitulations sans exemple de l'empereur et du maréchal Bazaine, pour revenir sur ces désastres, le cœur navré de douleur. Il suffit de rappeler qu'après Sédan et l'investissement de Metz, la France n'avait plus d'armée à opposer à l'ennemi; les armes mêmes lui manquaient.

C'est dans cet état d'épuisement et de désordre, et au moment où tous les esprits étaient saisis de crainte et d'épouvante, que les députés de Paris ont, courageusement et sans désespérer du sort de la patrie, saisi le pouvoir, tombé des mains de l'empire, pour organiser la défense nationale. Avant tout, le nouveau gouvernement tenta de conclure une paix honorable et durable pour la France; cette tentative ayant échoué, il déploya toute son activité et son énergie à créer de nouvelles armées.

L'une de ces armées, destinée à opérer dans l'est de la France, fut confiée au général Bourbaki. Comme c'est la stratégie de ce général qui nous a fait subir le passage de l'armée française et l'occupation allemande, il est utile de rapporter ses derniers faits militaires.

Il faisait partie de l'armée du maréchal Bazaine bloquée sous les murs de Metz, lorsqu'il fut chargé par ce dernier d'une mission au quartier général prussien à Versailles. L'objet de cette mission est encore un mystère. Quoi qu'il en soit, la délégation de Tours lui confia l'organisation de l'armée du Nord et la défense de ces contrées. Après l'abandon d'Orléans par le général d'Aurelles de Paladines, il fut appelé au commandement de l'un des corps de l'armée de l'ouest, divisée entre lui et le général Chanzy. C'est avec une partie de son corps d'armée qu'il a traversé le centre de la France pour prendre le commandement de l'armée de l'Est en formation à Besançon et dans les environs.

Dans la première quinzaine de janvier, il prit l'offensive, força l'ennemi à abandonner la Haute-Saône, Gray, Vesoul, Luxeuil, Lure ; le battit à Villers-Sexel, puis à Arcey, Montbéliard, en dirigeant ses forces sous les murs de Belfort. Poursuivant sa marche offensive, il rencontra l'armée ennemie fortifiée, le centre sur Héricourt, l'aile gauche jusqu'à la frontière suisse et l'aile droite du côté des Vosges. Avec une partie de son armée, il attaqua le centre de l'armée ennemie, mais il ne put percer sa ligne d'opérations, défendue par de fortes positions et une nombreuse artillerie. Ces insuccès appelaient l'emploi de moyens plus puissants et la mise en ligne de toutes ses forces ; c'était l'idée générale, lorsqu'on apprit avec douleur que cette armée, victorieuse les jours précédents, battait en retraite sans avoir été entamée et lorsqu'un grand nombre de bataillons n'avaient pas même vu le feu de l'ennemi (1). La surprise fut à son comble lorsqu'on apprit que 80,000 hommes faisant partie de cette armée étaient en retraite sur Lyon, en passant par Pontarlier et les hautes montagnes du Jura, dans le mois de janvier, sur deux pieds de neige en pleine chute, par un froid de 12 à 15 degrés, à 1,033 mètres au-dessus du niveau de la mer.

Si cette entreprise ne dénote pas une trahison, c'est du moins une faute grave que le général aurait reconnue trop tard et que, dans son désespoir, il aurait fait retomber sur lui, ne voulant pas survivre à ce grand désastre.

C'est le passage, ou plutôt la débâcle de cette armée par la ville et l'arrondissement de Pontarlier que je tiens à consigner. Les notes qui me serviront ayant, comme je l'ai dit, été prises jour par jour, heure par heure, ma narration suivra cet ordre pour faire assister le lecteur à toutes les impressions du moment et à toutes les péripéties de ce drame affligeant, qui n'a de comparable que la retraite de Moscou et le passage de la Bérésina.

---

(1) Je tiens d'un officier prussien que le général Werder, ébranlé par les attaques successives de l'armée française, prenait ses dispositions pour se replier dans le Haut-Rhin et abandonner le siége de Belfort.

Dans les journées du 15 au 20 janvier, quelques convois de Prussiens faits prisonniers dans les environs de Montbéliard passaient par Pontarlier escortés par la garde nationale sédentaire qui les conduisait sur Besançon. La population considérait ces prisonniers comme la conséquence des avantages que nous venions de remporter sur les confins de la Franche-Comté et de l'Alsace, et se livrait à l'espoir du succès après tant de défaites.

Cet espoir ne fut pas de longue durée. Le dimanche 22 janvier, un télégramme officiel du préfet du Doubs (M. Ordinaire) annonçait un échec et en même temps la retraite de l'armée de l'Est sur Besançon. Cette nouvelle, si inattendue, mit en émoi toute la population, et la panique s'augmenta par l'arrivée de familles entières venant de Besançon, Quingey, Salins, de tous les pays environnants, même de la Haute-Saône, et fuyant en Suisse avec des files de voitures chargées de meubles de toutes espèces, de denrées de toute nature et des objets les plus précieux. La ville en fut tellement encombrée que, les hôtels et même les maisons particulières ne suffisant pas à les loger, quelques-unes passèrent la nuit dans les omnibus qui les avaient amenées. C'était un sauve-qui-peut complet, et principalement pendant les journées et les nuits des 23, 24 et 25 janvier.

La voie du chemin de fer de Pontarlier à Mouchard, Dôle et Besançon, était, depuis six semaines, interdite au public à raison du passage de nos troupes et du matériel de guerre ; celle sur la Suisse restait ouverte, mais, encombrée de bagages et de voyageurs, elle ne pouvait suffire aux exigences. Les habitants de Pontarlier eux-mêmes, apprenant de ces émigrants que l'ennemi était dans le vallon de Quingey, qu'il traversait Salins et occupait Arbois, Poligny, Champagnoles, en s'avançant à la poursuite de notre armée, transportèrent aux Verrières, Fleurier, Couvet, Neuchâtel et jusqu'à Lausanne leurs meubles les plus précieux et les choses les plus nécessaires. D'autres s'étaient créés des lieux sûrs contre l'avidité d'un ennemi que précédait la terreur du pillage, de l'incendie, et souvent de l'assassinat. Cet état de choses n'était qu'un prélude.

Le mercredi 25 janvier, une avant-garde de dragons français arriva à Pontarlier. Les chevaux furent placés à la caserne et les hommes chez l'habitant.

Le jeudi 26 était jour de marché ; tous les grains en orge et avoine furent mis en réquisition. Le prix en fut fixé au cours du jour et exactement payé par le trésor de l'armée. Ce même jour, un corps nombreux de dragons arriva avec les voitures d'ambulances, les équipages et une longue file de mulets chargés de bagages et de petites pièces d'artillerie. Une partie de cette troupe fut répartie dans les villages voisins. On apprit alors qu'un pareil passage avait lieu par Levier, Frasnes, Arc-sous-Montenot, ayant pour direction le département de l'Ain et Lyon.

Ce premier passage avait lieu relativement en bon ordre et sans confusion.

Le vendredi 27 janvier, pendant toute la journée et par toutes les routes, il n'a cessé d'arriver à Pontarlier infanterie, artillerie, cavalerie, et une telle quantité de fourgons, d'équipages et de voitures de toutes sortes, que les rues, les places, les carrefours, étaient encombrés et la circulation absolument interceptée. Il fut impossible de loger cette multitude d'hommes et de chevaux ; les maisons, l'église et jusqu'aux caves furent ouvertes à ces malheureux, mais plusieurs milliers couchèrent dans les rues, sur les places, dans la campagne, autour des feux de bivouac. Or, il y avait deux pieds de neige et 12 à 15 degrés de froid ; ajoutez que tous mouraient de faim et de fatigue, et que la manutention et la boulangerie, n'ayant pas été prévenues, manquaient d'approvisionnements, et vous aurez l'idée de cette armée en face de ces trois choses : le froid, l'épuisement, la faim.

Un millier de chevaux attachés aux roues de leurs voitures, efflanqués, amaigris par des courses forcées dans des chemins couverts de 50 centimètres de neige, attendaient une pâture qui ne venait jamais. On les voyait chercher dans la neige quelques brins de foin et de paille abandonnés. Dans cette nuit, plusieurs périrent de fatigue et de misère.

Pendant la soirée, le bruit se répandit que, de désespoir, le général Bourbaki avait tenté de se suicider et qu'il était remplacé par le général Clinchant.

Le samedi 28 janvier, une partie de la troupe qui avait couché à Pontarlier ou dans les villages voisins se mit en route dans la direction de Mouthe et de Morez ; mais, arrivée à quatre ou cinq kilomètres, elle reçut l'ordre de rentrer en ville.

L'arrivée de cette troupe et des équipages, coïncidant en sens inverse avec l'entrée d'un corps de 6 à 8,000 hommes, jeta une telle confusion dans la ville, qu'il semblait que chaque corps marchait pour son propre compte ; qu'il n'y avait, ni officiers, ni état-major, ni intendance. On ne sentait point de nœud commun, rien qui reliât ces corps ensemble.

Les rues et les abords de la ville étaient jonchés d'hommes, de chevaux et de voitures. Des militaires sans armes, sans direction, presque sans souliers, quelques-uns en sabots, circulaient au hasard cherchant du pain, un logement ou un abri, quel qu'il fût. Le cœur saignait de ne pouvoir soulager tant de misères ; mais le pain manquait aussi bien pour l'habitant que pour le soldat. On voyait avec une indicible douleur ces défenseurs de la patrie assiéger les boulangeries, sollicitant comme une grâce et avec le désespoir de la faim le plus petit morceau de pain, sollicitation que l'impossibilité rendait stérile (1). On vit deux de ces malheureux, vaincus par la douleur et le désespoir, se suicider dans la rue Sainte-Anne. La misère était si grande partout, que cet événement, si tragique en temps ordinaire, passa presque inaperçu.

Le dimanche 29, l'arrivée de nouvelles troupes accrut la confusion. Les rues et les abords de la ville ne pouvant pas suffire, des bivouacs s'établirent bien avant dans la campagne, sur la route d'Outhaud et à la suite de l'ancien cloître des capucins.

L'Eglise avait abrité pendant la nuit autant d'hommes qu'elle en pouvait contenir. Ils y avaient déposé tant de sacs, de fusils et d'effets d'équipement, que les bancs en étaient tout remplis et que les fidèles durent entendre la messe debout.

Vers neuf heures du matin, quelques escadrons de cavalerie et quelques compagnies prirent le chemin de Mouthe par la gorge qui sépare le fort de Joux de celui du Larmont. Cette troupe, ayant pris l'avance, a pu gagner le département de l'Ain et échapper à la poursuite de l'ennemi, qui se hâtait de cerner l'armée entière en l'acculant à la frontière suisse.

Dans l'après-midi on apprit qu'un corps prussien de 300 hommes avec de l'artillerie était entré à Chaffois à l'improviste et qu'après avoir éprouvé une faible résistance, il avait fait 5 à 600 prisonniers disséminés dans le village, capturé quatre pièces de canon abandonnées sur la voie publique avec leurs chevaux attelés. Les officiers et le général lui-même ont rendu leurs épées, avec cette circonstance que ce dernier, surpris à la table du curé, a présenté la sienne qu'il aurait pu défendre si, ce qu'exigeait la prudence la plus vulgaire, il avait établi des sentinelles avancées. Il aurait même facilement repoussé un ennemi moitié moins nombreux que les hommes dont il disposait. Dans

---

(1) Un militaire pressé par la faim offrait à un habitant (M. Eug. Trapp) 25 fr. d'une livre de pain. Par son crédit et ses démarches, ce citoyen obtint gratuitement à la boulangerie coopérative le pain nécessaire à ce malheureux soldat.

l'unique décharge faite spontanément par les nôtres, 18 Prussiens furent tués et, s'il y avait eu une direction, pas un n'échappait.

Pour jeter l'épouvante et terrifier la population, les Prussiens, qui occupaient une hauteur, tiraient des coups de canon au hasard et envoyaient au centre du village des obus qui, heureusement, n'atteignirent personne et ne produisirent pas de dégâts matériels. Mais l'occupation fut terrible et ce malheureux village a été littéralement mis à sac.

A peu près dans le même moment, un uhlan qui s'avançait en éclaireur fut amené prisonnier à Pontarlier et l'on apprit qu'un corps ennemi s'avançait par le village d'Outhaud. Aussitôt la générale fut battue, et nos troupes, prêtes en un instant, se portèrent à la rencontre de l'ennemi, qui se retira.

C'est au milieu de ce trouble et de cette confusion qu'un télégramme officiel annonça un armistice de vingt-un jours, conclu l'avant-veille à Versailles. Ce télégramme ne faisait mention d'aucune restriction relative aux opérations militaires dans les départements du Doubs, du Jura et de la Côte-d'Or. Cette omission eut de désastreuses conséquences ; car nos troupes suspendirent tout mouvement, toute opération, tout fait de guerre, tandis que les Prussiens, mieux informés, profitant de notre ignorance et de notre sécurité, s'avancèrent rapidement, occupèrent tous les passages des monts Jura, et coupèrent ainsi notre retraite sur Lyon.

Toutefois le général Clinchant avait expédié parlementaire sur parlementaire au général prussien de poste à Chaffois, pour faire cesser les hostilités et régler d'accord le campement des deux armées pendant l'armistice. La nuit se passa donc sans trop d'inquiétude.

Lundi 30. — Les nouvelles de la veille avaient calmé tous les esprits; l'ordre se rétablissait dans notre armée et on attendait avec confiance le résultat des négociations échangées par parlementaires entre les généraux.

Mais cette sécurité fut de courte durée, et l'inquiétude devint extrême lorsqu'on apprit que le général en chef, Manteuffel, dont le quartier général était à Levier, n'entendait pas cesser les hostilités, et cela pour deux raisons : la première, parce que, disait-il, les lois de la guerre ne comprenaient jamais dans un armistice les troupes cernées, et considérant l'armée de l'Est comme investie, il demandait qu'elle posât les armes et se rendît prisonnière à discrétion ; la seconde, beaucoup plus réelle, parce que l'armistice faisait une exception pour les opérations militaires dans les départements du Doubs, du Jura et de la Côte-d'Or.

Ne pouvant croire à cette exception ni supposer que si elle existait on la lui eût laissé ignorer, le général Clinchant en référa au ministre de la guerre, qui lui répondit que l'armistice était général, qu'il embrassait toutes les armées, et lui donna même l'ordre de repousser par la force toute agression contraire.

La lumière n'est pas encore faite sur cette affaire; mais lourde sera la responsabilité de ceux qui, par leur incurie, ont laissé ignorer les clauses de l'armistice et ainsi occasionné la perte de notre armée de l'Est.

A tout évènement, le général Clinchant prit des dispositions de défense. Il établit une batterie à l'extrémité ouest de la promenade du Mont, une autre près du château Chastain et sur le communal des Pareuses près du champ Méry, là même où, près de trois siècles auparavant, le Suédois Saxe-Weimar avait placé des pièces d'artillerie pour pénétrer dans Pontarlier que ses habitants défendaient avec le courage du désespoir. Des pièces d'artillerie étaient encore placées près de la chapelle de N.-D. d'Espérance, sur l'avenue d'Outhaud et celle de Besançon, de sorte que les quatre routes par lesquelles l'ennemi devait entrer à Pontarlier pouvaient être balayées par des feux croisés en tous sens. Cette artillerie était appuyée par environ 4,000 hommes dans diverses directions.

De son côté, le général prussien avait disposé son artillerie sur la côte de Chaffois, à 4,000 mètres environ, ayant pour objectif la ville de Pontarlier.

Tout annonçait un combat sérieux dans cette belle plaine qui séparait les deux armées [1]. La ville avait à redouter les boulets et les obus et, en cas d'insuccès, des combats dans les rues et peut-être dans chaque maison.

Entre quatre et cinq heures, on crut que les hostilités allaient commencer. Dans tous les quartiers on sonna le boute-selle et on battit la générale; mais ce n'était qu'une fausse alerte, pour tenir le soldat sur le qui-vive. A sept heures, l'armée rentrait en ville.

Ce même jour on apprit, avec un découragement qui tenait de la honte, que, dans la soirée de la veille, un détachement prussien de 3 à 400 hommes au plus était entré l'arme au bras, à six heures, dans le village de Sombacour, où il s'était emparé de 14 canons, 6 mitrailleuses,

---

[1] C'est cette plaine où, suivant quelques-uns, périt Gérard de Roussillon. Ils se fondent sur la chronique qui dit :

Entre le *Doubs* et le *Drugeon*,
Périt Gérard de Roussillon.

avait fait 12 à 1,500 prisonniers, parmi lesquels deux généraux pris à table chez le curé, justes victimes d'une coupable imprévoyance.

A trois heures après midi, j'avais voulu juger par moi-même des dispositions prises pour la défense et saisir l'ensemble de cette armée au repos. C'était un spectacle étrange : artilleurs assis ou couchés sur la neige près de leurs pièces, chevaux harnachés mis au piquet; autour de la ville et bien avant dans la plaine, soldats et conducteurs circulant comme une fourmilière au milieu d'un dédale de voitures, charrettes, caissons, chevaux et parcs d'animaux de boucherie. Des feux étaient allumés sur toute cette étendue; tout servait à les alimenter : palissades, piquets, branches d'arbres, arbres même; la nécessité était là, ce qui n'a pas empêché que beaucoup eurent les pieds ou les mains gelés.

L'intérieur de la ville présentait un aspect encore plus triste. La neige congelée, foulée par tant de voitures et de piétons, était réduite en farine de 40 centimètres d'épaisseur et rendait la marche très-difficile. Partout des charrettes et des attelages, des chevaux morts de faim ou se débattant sur la neige au moment d'expirer; les autres, efflanqués, amaigris, l'œil morne, rongeant tout ce qui était autour d'eux; des feux de bivouac partout : contre les maisons, sur les places, dans les cours; des charrettes brisées, des lambeaux d'habillement, des caisses de biscuits, de riz et de café au pillage, des harnais abandonnés et les issues des boucheries répandues çà et là. Qu'on ajoute ces détails que la langue française ne sait pas exprimer, et on n'aura encore qu'une faible idée de la confusion qui régnait.

Dans ce désordre, il y avait encore un certain ordre. Les forces humaines étaient dépassées, mais, dans son dénûment, le soldat fuyait moins le danger que la souffrance.

Les habitants se multipliaient pour alléger tant de malheurs; ils recherchaient les militaires isolés pour leur offrir un asile, du pain, de la soupe, un verre de vin, efforts énormes et cependant presque nuls en face de si immenses souffrances.

Pourquoi faut-il qu'ici nous ayons à constater une dure et humiliante vérité ? Mais l'histoire ne connaît pas les voiles trompeurs. La plupart des officiers, en groupes dans les hôtels et les estaminets, ne s'occupaient que d'eux-mêmes et de leur bien-être, ne songeant qu'à sauver leurs débris ou leurs personnes [1] : ayant rompu tous liens avec

---

[1] Aux granges Michel, commune des Verrières de Joux, un officier, pour se sauver plus sûrement après avoir abandonné son pays et ses soldats, a troqué son épée de commandement contre une blouse et des habits de paysan.

leurs soldats, ils marchaient confondus avec eux, ne pouvant plus rien leur commander ni en attendre. La misère et l'égoïsme avaient effacé les rangs. Cette indifférence des chefs pour leurs soldats a été péniblement remarquée en Suisse, où elle a même causé une rixe sérieuse entre des bourgeois suisses et des officiers internés. N'est-ce pas à cet état de choses qu'on doit attribuer l'indiscipline qui a été remarquée dans l'armée française?

Oui, c'est bien là une des causes de nos défaites; car, si l'officier a pour le soldat une sollicitude paternelle, celui-ci paie en courage et en dévouement l'affection de son chef. La vie, pour le soldat français, n'est presque pas sa propriété, tant il la sacrifie aisément pour la défense de son pays. Il remplace un dessein trompé par une nouvelle espérance.

Qu'on me permette un coup d'œil rétrospectif, il y a un enseignement à en tirer.

En 1795, l'armée d'Italie était en retraite dans les défilés des Alpes et des Apennins, devant les forces réunies de l'Autriche et de la Sardaigne. La République, dont les trésors étaient épuisés, n'avait pu avancer à ses officiers supérieurs que cent francs comme entrée en campagne et ne leur payait que *huit* francs par mois pour toute solde. Les coffres de l'armée étaient vides et le crédit nul. Un moment vint où une division manqua tout à fait de vivres. Le général en chef, Kellermann, et son état-major se dépouillèrent sur-le-champ de tout le numéraire qu'ils avaient et vendirent leurs bijoux, leurs objets précieux et d'affection, pour nourrir les soldats et leur acheter des souliers. Ce sont ces mêmes soldats qui payèrent à leur chef la dette de la reconnaissance par vingt victoires et la conquête d'Italie, et qui se crurent assez récompensés par un étendard sur lequel étaient inscrits ces mots glorieux : *Armée d'Italie.*

Le mardi 31, un parlementaire prussien arrivait à Pontarlier à trois heures du matin et signifiait au général français d'avoir à se rendre prisonnier avec son armée et, en cas de refus, dénonçait la reprise des hostilités pour sept heures.

Un conseil de guerre tenu à l'hôtel de ville décida la résistance. C'était d'ailleurs l'ordre donné par la délégation de Bordeaux, et on était encore dans la persuasion que l'armistice était applicable à l'armée de l'Est.

Toutefois le général fit partir dans la direction de Mouthe un immense convoi de voitures qui encombraient la ville et se tint sur la défensive.

La journée se passa encore en échange de parlementaires, mais sans concessions de la part du général prussien. Une bataille paraissait imminente.

Dans cet état de perplexité, une députation des notables habitants se rendit auprès du général Clinchant pour lui représenter que, sans succès probable, il exposait la ville à l'incendie, au meurtre, au pillage. Cette démarche, faite dans les meilleures intentions, mais peu patriotique (¹), ne put changer la détermination du général; de sorte que, dans l'après-midi, le maire fit annoncer que, dans la prévision d'un combat en avant et dans l'intérieur de la ville, les habitants eussent à prendre les mesures de prudence que dictaient les circonstances, invitant spécialement les habitants du faubourg Saint-Pierre, plus directement exposés, à quitter leurs maisons et à sauver leurs meubles.

Dans la crainte d'un bombardement, beaucoup d'habitants s'étaient réfugiés dans leurs caves, d'autres avaient gagné le territoire suisse. Parmi ces derniers se trouvaient des fonctionnaires de Buonaparte, dont le traitement courait à l'étranger, d'où ils ne sont rentrés courageusement que lorsque tout danger avait cessé.

La nuit néanmoins se passa sans incident fâcheux. Mais le général Clinchant, informé à la dernière heure des conditions de l'armistice, prit le parti extrême de passer en Suisse avec son armée, à laquelle il adressa la proclamation suivante :

« Soldats de l'armée de l'Est,

» Il y a peu d'heures encore, j'avais l'espoir, j'avais même la certi-
» tude de vous conserver à la défense nationale. Notre passage jusqu'à
» Lyon était assuré à travers les montagnes du Jura.

» Une fatale erreur nous a fait une situation dont je ne veux pas
» vous laisser ignorer la gravité. Tandis que notre croyance en l'armis-
» tice qui nous avait été notifié et confirmé à plusieurs reprises par
» notre gouvernement nous recommandait l'immobilité, les colonnes
» ennemies continuaient leur marche, s'emparaient des défilés déjà
» entre nos mains et coupaient nos lignes de retraite.

» Il est trop tard aujourd'hui d'accomplir l'œuvre interrompue;
» nous sommes entourés par des forces supérieures; mais je ne veux

(¹) En temps de guerre, la résistance est le premier devoir des nations et des armées. Elle sauve l'honneur, excite l'intérêt et prépare les secours. C'est même souvent le parti le plus avantageux. La résistance, quoique faite tardivement en avant de Pontarlier, aurait pu lui épargner une aussi longue occupation, les réquisitions et les pillages, tout en sauvant à l'Etat un immense matériel de guerre qu'on n'eût pas abandonné tre Pontarlier et la Cluse.

» livrer à la Prusse ni un homme ni un canon. Nous irons demander
» à la neutralité suisse l'abri de son pavillon ; mais je compte, dans
» cette retraite vers la frontière, sur un sublime effort de votre part.
» Défendons pied à pied les derniers échelons de nos montagnes, pro-
» tégeons le défilé de notre artillerie, et ne nous retirons sur un sol
» hospitalier qu'après avoir sauvé notre matériel, nos munitions et nos
» convois.

» Soldats, je compte sur votre énergie et sur votre ténacité. Il faut
» que la patrie sache bien que nos avons tous fait notre devoir jus-
» qu'au bout, et que nous ne déposons les armes que devant la fatalité.

» Pontarlier, 31 janvier 1871.

» Signé : CLINCHANT. »

Mercredi 1er février. — Cette proclamation fut dans la nuit même mise à exécution. Les troupes cantonnées dans les environs rentrèrent en ville ; de longues files de canons, caissons, fourgons et voitures traversèrent les rues avec précipitation, de telle sorte qu'à midi tout cet attirail de guerre avait disparu, protégé par une arrière-garde sous le commandement du général Billot.

Les colonnes prussiennes s'avançaient par toutes les routes; notre arrière-garde se repliait insensiblement dans la ville pour suivre le mouvement de retraite; la majeure partie suivit la route et quelques détachements se dirigèrent, sous la protection du fort de Joux, par la chaussée du chemin de fer.

Des uhlans pénétrèrent jusque dans la Grande-Rue; n'apercevant que quelques soldats attardés, ils rebroussèrent chemin par la rue Morieux. Vers une heure après midi, l'infanterie ennemie, soutenue par de la cavalerie et de l'artillerie, envahit la ville en se précipitant à la fois par la porte du Boulevard, par celle de la caserne et par la rue de la Gare. Elle occupa toutes les rues latérales, mais la masse principale se concentra, par un mouvement combiné, sur la chaussée de la Grande-Rue et, se divisant alors en deux colonnes sur les larges trottoirs, elle se précipita en avant pour gagner le Pont de l'Hôpital. Tous ces mouvements s'exécutaient au milieu de cris barbares et de détonations de coups de fusil tirés dans le but d'intimider la population, car ni les personnes ni les propriétés n'ont été atteintes.

Il paraît que le projet de l'ennemi était de s'emparer des forts de Joux et du Larmont, qu'il ne supposait ni armés ni approvisionnés et, en tous cas, faiblement défendus. Aussi, sans s'arrêter dans la ville, il franchit le pont sur le Doubs; mais, arrivé au faubourg Saint-Etienne, il fut accueilli par une vive fusillade de notre arrière-garde, qui lui blessa plusieurs hommes et notamment un officier qui mourut quelques jours après.

Nos troupes, disposées en tirailleurs, cédaient insensiblement du terrain et, tout en combattant, se concentraient dans l'étroit passage du tournant de la Cluse. L'action dura jusqu'à la nuit. Lorsque l'armée prussienne arriva au brusque contour de la route, en face du fort du Joux, elle eut à subir le feu de l'artillerie de ce fort, joint à la fusillade de nos tirailleurs. Dans cet engagement, elle éprouva une perte d'au moins 400 hommes et 14 officiers, de l'aveu même de leurs officiers qui, dans leur langage francisé, disaient : « Par le fort de Joux, grande *consommation* de Prussiens. »

Pendant ce combat, un autre corps de l'armée prussienne se frayait un sentier dans la neige pour gravir la montagne et surprendre à revers le fort du Larmont. Cette colonne marchait sur une longue file dont la tête se perdait déjà dans les plateaux de la montagne, que la queue était encore au point de départ, près du moulin Maugain. Des francs-tireurs et des tirailleurs de la ligne, embusqués dans le bois voisin et les replis du terrain, firent éprouver à cette colonne des pertes considérables : depuis la ville, on voyait à chaque minute les hommes tués ou blessés se dessiner par un point noir sur la neige.

Ce dernier combat de notre armée en déroute prouve ce qu'on pouvait attendre de son courage, si elle avait été postée dans les gorges des monts Jura : sur toute la ligne qui s'étend de Montbéliard à Saint-Claude, il existe de véritables défilés de thermopyles, dans lesquels mille soldats pouvaient arrêter et vaincre la plus nombreuse armée. Ceux qui connaissent la route départementale de Pontarlier à Mouthier ne trouveront rien d'exagéré dans mon affirmation, et partout l'armée ennemie aurait rencontré des difficultés à peu près semblables. M. Alph. Jobey, ancien député du Jura, dans une lettre sévèrement accusatrice, apprécie de la même manière cette retraite changée en déroute [1].

On n'est plus étonné de ce désastre, lorsqu'on se rappelle que les officiers chargés de l'itinéraire de la retraite n'avaient aucune connaissance des localités qu'ils devaient traverser et du climat ; ils n'avaient pas même de cartes de géographie ! ! L'un d'eux est venu consulter mon atlas d'une manière tellement superficielle, qu'il n'a pas même daigné écouter les renseignements que je voulais lui donner sur les lieux à parcourir.

Nonobstant ses pertes, la colonne prussienne dont nous venons de parler poursuivit son projet de s'emparer du fort du Larmont ; elle était

---

[1] Cette lettre, du 10 mars 1871, a été reproduite par le *Salut Public*, et l'*Union Franc-Comtoise* dans son numéro du 18 mars.

persuadée qu'il avait été abandonné et qu'elle y entrerait sans coup férir. Tels avaient été les renseignements assez exacts que les chefs avaient obtenus de leurs espions; mais ils ignoraient que la veille un colonel expérimenté, M. *Ploton*, s'était dévoué à la défense des deux forts avec ses artilleurs, et avait organisé à la hâte une vigoureuse défense. La colonne s'avança tête baissée, mais elle fut mitraillée par les deux forts à la fois et mise en déroute avec une perte considérable. De notre côté, il n'y eut ni tués ni blessés.

Le lendemain, les Prussiens demandèrent et obtinrent un armistice pour enterrer les morts. Mais, fidèles aux principes de déloyauté employés par eux dans cette guerre, ils utilisèrent cet armistice à explorer les lieux, à choisir des positions d'attaque et même à dresser des batteries. Nous dirons à son moment de quelle manière le brave et vigilant colonel *Ploton* a déjoué et puni cette fourberie, condamnée par l'honneur militaire de toutes les nations.

Pendant qu'on s'acharnait jusqu'à la nuit close à ces combats meurtriers, l'intérieur de la ville était occupé militairement. Des patrouilles armées visitaient chaque quartier, pénétraient dans les maisons, s'emparaient de toutes les armes : on put voir, sur la place Saint-Bénigne, les débris de plus de 2,000 fusils enlevés aux prisonniers et à la garde nationale sédentaire. Les domiciles que la crainte avait fait abandonner étaient forcés, les portes en étaient brisées et les meubles pillés et saccagés.

Ces perquisitions avaient aussi pour but de rechercher les militaires et surtout les francs-tireurs ; heureusement on n'en découvrit aucun. MM. Louis Girod, Carré et Dornier, vêtus de leurs pantalons d'uniforme à bandes rouges, furent saisis et conduits sous escorte au bivouac de la ferme de l'Etang ; ce ne fut qu'à dix heures du soir qu'ils obtinrent leur liberté, après avoir justifié de leur qualité de gardes nationaux sédentaires.

Au faubourg Saint-Etienne, où avait commencé la résistance de l'arrière-garde française, les Prussiens se livrèrent à tous les excès d'une soldatesque en délire. L'hospice fut envahi et fouillé de fond en comble; des coups de fusils furent tirés dans les cours, les corridors et les salles. L'aumônier (M. l'abbé Mercier) s'étant montré à une fenêtre fut ajusté et la balle passa entre sa tête et celle d'une des sœurs hospitalières.

L'ennemi chassa des salles de l'hospice les blessés français pour y loger les siens ; le nombre en était si grand (12 à 1,500) qu'il y en avait jusque dans les corridors et les escaliers ; le service des salles en était gêné. Le personnel de l'établissement étant insuffisant pour soulager tant de misère, des dames charitables se dévouèrent à cette œuvre d'humanité.

Le désarmement à domicile ne paraissant pas suffisant au général prussien (1), il fit publier par le maire de la ville (2) l'ordre aux habitants de déposer à la mairie toutes les armes à feu en leur possession, sous des *peines sévères* que l'autorité militaire se réservait d'appliquer arbitrairement.

Cet ordre, publié à trois heures, fut suivi à quatre heures d'un autre enjoignant aux habitants, sous les mêmes peines arbitraires, de faire la déclaration de ce qu'ils possédaient en farine, blé, avoine, fourrages, sel, etc.

A cinq heures, nouvelle publication du maire portant qu'ordre était donné par le général prussien d'enfouir les nombreux cadavres des animaux gisant dans les rues et sur les places publiques, et d'enlever les boues et immondices qui obstruaient la ville. Cette prescription avait un but utile et le maire aurait dû en prendre l'initiative et ne pas attendre un ordre prussien.

Mais, ce qui était beaucoup plus onéreux, le maire annonçait une réquisition de 37,500 kil. de pain et 72,000 kil. d'avoine par chaque jour et 3,000 kil. de café et 2,000 kil. de sel une fois donnés. Cette réquisition fut plus tard réduite à 15,000 kil. de pain et 40,000 kil. d'avoine par chaque jour : les exigences du café et du sel restèrent les mêmes.

Enfin, à huit heures du soir, à la lueur d'un flambleau, le maire fit publier une nouvelle réquisition de 40,000 cigares et d'une quantité indéterminée de tabac en poudre et à fumer. Cette publication faite au milieu de la nuit ne pouvait intéresser les habitants, puisque le monopole du tabac est entre les mains du gouvernement; d'ailleurs la provision était épuisée par le passage des troupes françaises. Toutefois, le dépôt principal mis au pillage a pu, jusqu'à un certain point, satisfaire à cette réquisition.

Les militaires se logeaient d'office chez l'habitant et s'installaient à leur convenance. Quand les portes étaient fermées ou n'étaient pas ouvertes sur-le-champ, ils les enfonçaient à coups de crosse. Ils ouvraient les armoires de force et se servaient, ou mieux, se faisaient servir ce qui était à leur convenance. C'était le pillage à froid.

Les officiers agissaient avec plus de courtoisie. Ils s'installaient chez vous en maîtres : mais s'ils avaient une belle chambre, un bon lit et surtout une table confortable, ils s'humanisaient et faisaient respecter le domicile.

---

(1) Le général Manteuffel.
(2) M. Paul Gindre, docteur en médecine.

La table des officiers supérieurs devait être chargée de mets et arrosée de vins des meilleurs crus et surtout de Champagne.

Le premier officier qui vint s'installer chez moi, me fit, le soir même de son arrivée, une insidieuse confidence : il m'apprit que le roi Guillaume, surnommé le déménageur, et ses affidés, avaient la volonté de ramener Louis Buonaparte aux Tuileries et me demanda mon opinion. Ma réponse fut aussi brève que catégorique : « La France a trop long-
» temps souffert de son usurpation par un parjure et de son désastreux
» despotisme, pour qu'il puisse entrer dans l'esprit de l'ex-empereur
» qu'il serait accueilli par la nation : et si la pensée d'une semblable
» restauration entrait dans les projets du roi Guillaume, c'était moins
» une idée réalisable qu'un brandon de discorde dont il pensait se
» servir pour achever la ruine de la France qui, toute mutilée qu'elle
» est, lui porte encore ombrage. »

Pour en finir avec cette néfaste journée, mentionnons que des soldats, conduits par des officiers, pénétrant de vive force dans la prison civile, mirent en liberté environ cinquante prisonniers, la plupart détenus, il est vrai, pour faits de contrebande. Le gardien ne put en retenir que quatre condamnés pour vols. Les Prussiens retournèrent trois fois à la prison, dans la crainte que des prisonniers eussent échappé à leurs recherches.

Enfin, pendant que nos troupes en retraite se battaient au tournant de la Cluse sous la protection du fort de Joux, une colonne ennemie de 4 à 500 hommes arrivait par la montagne et les granges Tavernier sur le village d'Oye. Elle y fut reçue par deux compagnies françaises qui la prirent de face et de flanc et la délogèrent du bois où elle s'était abritée. De l'aveu des officiers prussiens, cette colonne aurait alors perdu 120 hommes tués, blessés ou prisonniers.

Jeudi 2 février, jour de marché, il ne vint à la halle ni un sac de grains ni un seul habitant des campagnes : la torpeur et l'inquiétude régnaient partout. La ville semblait désertée par ses habitants ; les boutiques et les magasins étaient fermés ou entrebaillés ; les échopes et le petit commerce en plein air des approvisionnements faisaient défaut. Dans la bourgeoisie, régnait le silence de la mort ; une partie de la population s'était enfuie et, répétons-le, plusieurs fonctionnaires avaient abandonné leur poste pour passer à l'étranger : parmi eux se trouvait M. Ch. Beauquier, sous-préfet de l'arrondissement ; il avait emporté son petit bagage personnel, mais en abandonnant hôtel, archives et mobilier *départemental*. Si par sa fuite et en quittant son poste il a exposé ce mobilier à la destruction, il est à croire qu'on l'en rendra responsable.

9 heures du matin. — Les habitants n'ayant pas répondu à l'ordre de déclarer ce qu'ils possédaient en denrées alimentaires, nouvelle injonction plus menaçante encore, mais pas mieux obéie.

3 heures.—Réquisition de lits, linge et matelas pour les ambulances prussiennes. On apprécie dans le public au moins à 600 le nombre des blessés dans les combats d'hier et de la nuit : cette estimation ne paraît pas exagérée, car l'hôpital regorgeant de militaires malades ou blessés, on a établi des ambulances dans les vastes bâtiments du Collége, dans l'école des Frères, chez les sœurs de Saint-Maur, dans grand nombre de maisons bourgeoises, et notamment dans l'ancien couvent des Augustins, chez Mlle Fanny Damitio, qui s'est dévouée à cette belle œuvre d'humanité.

Les études du collége et des écoles ont été forcément suspendues pour un temps indéterminé.

Toute la nuit dernière et toute la journée, l'artillerie des forts a tiré sans relâche. Cette défense vigoureuse, à laquelle les Prussiens ne s'attendaient pas, les jetait dans une fureur inexprimable. Pour donner une couleur à leur exaspération, ils accusaient les défenseurs des forts d'avoir tiré sur un parlementaire : ils menaçaient de fusiller toute la garnison lors de la capitulation. Cette menace, que rien ne justifiait d'ailleurs, n'a ni ralenti la défense, ni intimidé la garnison.

Midi. — La colonne qui avait attaqué hier le fort du Larmont rentre en ville. On remarque qu'elle est bien moins nombreuse, ce qui indique qu'elle a fait des pertes sensibles, ce dont au surplus conviennent les officiers prussiens qui déplorent cette entreprise.

Nos soldats prisonniers et ceux légèrement blessés, que les Prussiens avaient chassés de l'hôpital, furent enfermés dans l'église St-Bénigne, au nombre d'environ 1,500 : souffrant de la faim depuis plusieurs jours et ne recevant des Prussiens aucune distribution, ces malheureux prirent le parti extrême d'enfoncer une des fenêtres, à travers les barreaux de laquelle les habitants purent leur faire parvenir du pain, de la soupe, du vin et de l'eau. Navrant spectacle que celui de tous ces regards avides et de toutes ces mains tendues implorant un morceau de pain et criant : « A moi, à moi ! je n'ai rien reçu. »

Une seule personne eut la permission d'entrer dans cette prison improvisée, ce fut M. l'abbé Fagnon, vicaire de cette paroisse, dont le saint ministère était réclamé par deux malheureux, sur le point de mourir de faim et de froid.

Vendredi 3 février. — A la pointe du jour, les prisonniers, enfermés dans l'église, en furent extraits transis et mourant de faim, car ils n'avaient reçu que les vivres qu'on leur avait fait passer à travers les barreaux ; ils allaient partir lorsque, des différents quartiers de la ville, les habitants arrivèrent avec des provisions de toutes sortes. Le chef de poste leur refusa, avec brutalité, la permission de distribuer eux-mêmes les vivres. Mais sur leurs vives instances et leur énergique protestation, les soldats de l'escorte prirent les corbeilles de pain, les bidons de soupe, de lait, de café, et en firent la répartition. Ils partirent aussitôt en exprimant les sentiments de la plus vive reconnaissance. A la faveur de la confusion inséparable du départ, quelques-uns parvinrent à s'échapper.

A certains intervalles de la nuit, mais continuellement dès que le jour parut, on entendit gronder le canon des forts. Les francs-tireurs de la légion bretonne étaient restés embusqués en tirailleurs et faisaient éprouver de grandes pertes aux troupes qui assiégeaient le fort du Larmont, tout en couvrant la retraite de notre armée sur la Suisse. Ce furent les derniers défenseurs de l'armée de l'Est.

Toute la journée il y eut de grands mouvements de troupes, un va et vient continuel. Ces marches et contre-marches avaient pour objet d'intimider la population en faisant croire à une plus grosse armée d'occupation et de rançonner les campagnes par des réquisitions exagérées. En effet, on voyait arriver en ville des troupeaux de bestiaux, des chevaux, des voitures de foin et d'avoine, des matelas et des couvertures. Et, chose indigne! on a constaté que des voitures couvertes, protégées par la croix de la Convention de Genève, étaient remplies de fromages, de lard, de miel et même d'ustensiles de cuisine, extorqués aux habitants.

Il serait trop long de donner le détail des dégradations commises par ces bandits du Nord. Tous nos villages ont été odieusement rançonnés; dans une seule fromagerie, ils ont enlevé cent trente-deux pièces de fromage de Gruyère, d'une valeur de 4,000 fr. Dans l'intérieur des maisons, la pointe de la baïonnette en avant, ils fouillaient les armoires qu'ils ouvraient de force ou avec des passe-partout dont ils étaient munis, prenaient argent, bijoux, linge, vêtements, même les titres de créance. Et si parfois les victimes de ces pillages s'adressaient aux chefs, on leur répondait avec ironie : *Ce sont là les droits de la guerre que la France a déclarée à la Prusse ;* comme si chez aucune nation civilisée la guerre avait été synonyme de vol et d'infamie.

La ville de Pontarlier n'a pas été exemptée de ces déprédations. Les portes du greffe, du cabinet du juge d'instruction et du parquet, ont été enfoncées: des monnaies, gardées comme pièces de conviction, ont été enlevées ainsi que quelques papiers, notamment le 3me registre des délibérations du bureau d'assistance judiciaire. Les appartements d'un horloger appelé à l'armée ont été pillés. Une pauvre veuve (1) s'est vu enlever 400 fr., sa dernière ressource. Combien d'autres exemples faudrait-il citer si on voulait tout dire? Ce serait fastidieux et, pour ce motif, je m'arrête.

Tous ces pillages confirment la vérité de ce fait, qu'à la suite des armées prussiennes, il y avait des bandes de Juifs et de recéleurs qui achetaient le produit de ces vols à mains armées, pour en faire l'expédition en Allemagne. Un simple soldat, logé chez moi, disait avoir envoyé à sa femme 400 fr.; il ne les avait certes pas économisés sur sa solde.

Le samedi 4 février, on apprit en ville par voie indirecte (car toute communication avec le dehors était interdite), que nos troupes étaient entrées en Suisse avec à peu près tout le matériel de l'armée, une partie par les Verrières, une autre par la route de Jougne et le village des Fourgs.

Les hommes internés en Suisse étaient au nombre de 77,000 avec 8,000 chevaux; la caisse de l'armée renfermait encore 1,439,000 fr., plus 50,000 fr. versés par l'intendance militaire (2).

L'accueil le plus sympathique a été fait à nos troupes par la nation suisse. Nos soldats ont été secourus avec un affectueux empressement. Les blessés et les malades ont reçu les soins les plus dévoués; rien n'a été épargné pour leur faire oublier les souffrances de cette guerre cruelle. C'est une dette de reconnaissance que la France a contractée envers la République helvétique, dette qu'elle sera jalouse d'acquitter.

La nuit et le jour, l'artillerie de nos forts continue à tonner. On suppose (car il n'est pas permis de sortir de la ville sans un sauf-conduit prussien que l'on refuse même aux étrangers) que ce combat d'artillerie a pour objet de démonter la batterie prussienne établie au tournant de la Cluse. L'ennemi avait tenté, mais sans succès, d'en placer une sur les rochers de la Fauconnière; des attelages de dix-huit à vingt chevaux ne purent amener les canons sur cette montagne couverte de 50 centimètres de neige.

---

(1) Célestine Saillard, veuve Bourdin.
(2) Voir à la fin de la brochure le tableau des troupes internées.

Ce combat d'artillerie n'a pas été avantageux aux Prussiens : leur colonne est rentrée en ville décimée et découragée; le fort, au contraire, n'a éprouvé aucun dégât sensible et pas un homme n'a été blessé. Après l'enterrement de deux de leurs officiers supérieurs que la troupe accompagna au cimetière, musique en tête, les Prussiens faisaient leurs doléances sur la perte de ces chefs et déploraient la malheureuse entreprise de soumettre ces forts, qui, disaient-ils, leur coûtaient déjà trois à quatre mille hommes tant tués que blessés.

L'après-midi se passa en mouvements de troupes se croisant en tous sens. On vit arriver une quantité de voitures chargées de denrées et des troupeaux de bétail : tout cela provenait des réquisitions faites dans les villages voisins.

Les soldats chassaient devant eux deux bandes de chevaux abandonnés par l'armée française; il y en avait cinq à six cents. Ces animaux, décharnés, erraient en ville et aux alentours, cherchant leur nourriture dans la neige. La place manquait pour les loger et la disette des fourrages enlevait aux habitants jusqu'à l'idée de s'en emparer. L'armée prussienne les vendit aux enchères à Arçon; le prix ne dépassait pas 20 fr. chacun. Ils rendirent, au printemps, de grands services aux cultivateurs qui les achetèrent, car les réquisitions et le typhus sur la race bovine leur avaient enlevé leurs attelages. Le poil blanc de ces chevaux, couleur accidentelle dans le pays, les faisait distinguer de la race franc-comtoise et on les désignait sous le nom de *Bourbakis*.

Les tentatives persistantes de l'ennemi pour s'emparer des forts faisaient au colonel *Ploton* un devoir de prendre toutes les dispositions et d'employer au besoin les moyens extrêmes. Il envoya donc un parlementaire au général prussien pour l'inviter à faire évacuer ses ambulances pour le cas possible où il faudrait, par un bombardement, déloger l'ennemi de la ville. Comme depuis le fort on n'aperçoit pas Pontarlier, il désirait éviter que des hommes blessés et inoffensifs fussent atteints par des projectiles lancés à toute volée et souvent au hasard.

Cette menace, quoique d'une exécution éventuelle, inspira à l'autorité municipale la pensée d'envoyer au commandant une députation chargée de lui soumettre quelques considérations à ce sujet et de tenter de le détourner d'un projet compromettant pour la ville et ses habitants. Cette députation, composée de trois membres [1], alla en parlementaire. Arrivée en vue du fort, ces Messieurs agitèrent le drapeau

---

[1] M. Gindre, faisant fonctions de maire, et MM. Charles Gros et Charles Vandel, notables, membres du conseil municipal.

blanc. Après quelques instants d'hésitation dans la place, on cria qu'ils seraient admis par la grande rampe, où ils furent arrêtés par un premier poste à 2 ou 300 mètres du pont-levis. Le sous-officier alla prendre les ordres du commandant. La réponse fut qu'il n'admettrait dans la place que le maire, les yeux bandés. Le résultat de l'entrevue fut qu'il était difficile de laisser à 3 kilomètres du fort une armée ennemie qui se renouvelait et se ravitaillait sans cesse pour le harceler jour et nuit; que, dans la prévision extrême d'un bombardement de la ville pour déloger l'ennemi, le commandant avait dû, pour se conformer aux lois de la guerre et obéir aux sentiments d'humanité, en informer le général prussien, mais qu'il ne pouvait rien changer à ses dispositions et que sa conduite dépendait des évènements.

Cette réponse était celle qu'on devait attendre. L'honneur militaire, l'intérêt général, devaient l'emporter, dans l'esprit du commandant, sur des considérations d'intérêt local qui ne sont, à vrai dire, que secondaires.

Le général prussien, vivement contrarié de l'injonction qui lui était faite, fit répandre la menace de jeter les habitants au milieu des rues et d'occuper les caves avec sa troupe pendant le bombardement.

Dans la soirée, la canonnade redoubla. On prétend même que des éclats de projectiles sont arrivés jusqu'à l'entrée du faubourg Saint-Etienne.

Dimanche 5 février. — Depuis l'occupation prussienne, l'usage des cloches était interdit; les réunions étaient défendues. Les habitants ne pouvaient pas même compter les heures de leurs souffrances. Partout régnait le silence de la mort. Cette défense d'un ennemi soupçonneux était rigoureusement observée. On se souvenait du sort de l'instituteur de Cussey, fusillé pour avoir fait sonner la cloche en réglant l'horloge.

Les fidèles se rendaient à l'église aux heures ordinaires; les enterrements se faisaient sans suite; on vivait dans l'isolement. Cet état de choses a duré pendant toute la première occupation, c'est-à-dire, jusques et y compris le 9 février.

La pluie et le dégel succédèrent brusquement à un froid de quinze degrés. Les rues devinrent alors un véritable cloaque. La neige, délayée avec le fumier et les ordures de cette foule d'hommes et d'animaux, exhalait une odeur compromettante pour la santé publique. Aussi, malgré qu'on fût au dimanche, jour de prière et de repos, un grand nombre d'ouvriers fut employé à casser la glace et à enlever les immondices. Il fallut huit grands jours pour en purger la ville.

Les engagements qui avaient lieu sous les forts firent frapper la ville d'une nouvelle réquisition de 300 paillasses et 300 paires de drap pour les ambulances ennemies. Mais ce qui est le plus exorbitant, c'est la contribution de 10,000 fr. imposéespar le général Manteuffel pour supplément de table des officiers, lorsque ceux-ci étaient logés et très-confortablement nourris par l'habitant; ce n'était qu'un odieux prétexte pour faire payer à la ville les échecs des troupes prussiennes. Elle s'exécuta néanmoins et versa 10,000 fr. en espèces.

La preuve que cette réquisition n'avait pas pour objet un supplément de la table des officiers, c'est que Manteuffel lui-même, royalement hébergé par son hôte avec toute sa suite, invita celui-ci (et on sait ce qu'est l'invitation d'un semblable ennemi) à lui préparer pour son départ une caisse de cent bouteilles du bon Sauterne dont lui et son état-major avaient été gratuitement abreuvés; non pas gratuitement, car il a donné à son hôte un bon billet de félicitation et de recommandation.

Le matin de ce jour, deux compagnies d'infanterie sont parties dans la direction du fort de Joux, et une heure après on entendait l'artillerie des deux forts retentissant à coups pressés. Le bruit se répandit que ces compagnies avaient subi des pertes considérables; et, en effet, il ne rentra en ville que des détachements peu nombreux, et à cinq heures du soir, la troupe escortait au cimetière le convoi d'un officier supérieur.

L'enterrement des officiers se faisait toujours avec pompe et apparat, tandis que celui des soldats avait lieu clandestinement pour dissimuler les pertes.

Lundi 6 février. — Le canon des forts gronde pendant la nuit, mais cesse dès le matin pour toute la journée. L'ennemi emploie ce temps à expédier par la route de Besançon d'immenses convois de vivres et de munitions capturés sur notre armée.

Ce départ assez précipité fit supposer que la ville allait être délivrée et le blocus des forts levé. Ce qui semblait confirmer cette supposition, c'est une nouvelle réquisition de 80,000 fr. que le général exigeait pour le lendemain de la ville de Pontarlier, et, par ironie sans doute, il faisait annoncer que ceux des habitants qui auraient des plaintes à porter contre les militaires prussiens pouvaient les déposer à la mairie.

L'administration municipale fit d'énergiques protestations contre cette contribution exorbitante, mais le général répondit sèchement qu'il saurait bien pourvoir au paiement qu'il exigeait. La position était critique et l'administration municipale convoqua quarante des plus notables habitants pour délibérer et aviser. Nous verrons bientôt à quel parti on fut obligé de s'arrêter.

Les villages étaient encore plus malheureux; on ne se contentait pas de les ruiner, on en venait aux mauvais traitements.

Ainsi un homme [1] gravement malade était arraché de son lit et jeté à terre. On forçait sa femme à se déchausser pour livrer ses brodequins. Il faudrait tout un volume pour raconter les scènes de vols, de pillages et de destruction que les habitants des campagnes nous ont rapportées et que les chefs semblaient autoriser.

Ce qui prouve que l'ennemi ne se contentait pas d'enlever ce qui lui était nécessaire et que la dévastation de la France entrait dans la politique des armées allemandes, c'est l'annonce publique pour le lendemain d'une vente aux enchères des denrées provenant des réquisitions.

Qu'on me permette de faire ici un rapprochement.

En 1815, le commissaire des guerres de l'armée suisse fit procéder à l'adjudication publique des subsistances réquisitionnées. La commission, dont j'étais le secrétaire, porta plainte à la Diète, et ce commissaire fut condamné aux galères et à une réparation pécuniaire. Les lois de la guerre et l'honneur militaire n'étaient pas alors foulés aux pieds comme les armées allemandes s'en font un jeu et pour ainsi dire un devoir.

Toutefois, il convient de dire que la vente annoncée par l'autorité prussienne n'a pas eu lieu.

Mardi 7 février. — Les combats sous les forts continuent. On apprécie les pertes de l'ennemi par la différence sensible qui existe entre les troupes, lorsqu'elles sortent de la ville et lorsqu'elles y rentrent.

A midi, la ville devait effectuer le paiement de la réquisition de 80,000 fr. Le général Schmeling attendait chez M. Charles Gros, où il était logé. La commission municipale et quelques habitants des plus imposés s'étaient assemblés et avaient constaté l'impossibilité de réunir une pareille somme, par suite de l'épuisement des ressources de la ville et des habitants. Cependant, et pour prouver leur bon vouloir, les membres de cette réunion se cotisèrent pour former à la ville, à titre de prêt, une somme de 20,000 fr.

Les délégués de cette assemblée se présentèrent à l'heure de la nouvelle audience qu'ils avaient obtenue du général. Celui-ci ne parut pas; il se fit représenter par deux officiers qui reçurent les délégués avec

[1] Bourdin, fermier de Jules Verdan, à Doubs.

hauteur, dédain, et la supériorité d'un vainqueur orgueilleux. Leur réponse, dictée d'avance, fut brève et catégorique. Ils se plaignirent d'abord du manque d'égard du maire pour ne s'être pas trouvé au rendez-vous de midi. Quant aux motifs allégués pour diminuer le chiffre de la réquisition, ils n'avaient aux yeux du général aucune valeur, et si la somme entière n'était pas comptée dans la journée du lendemain, on saurait y pourvoir. Comme commencement d'exécution de cette menace, le général fit consigner et enfermer à la sous-préfecture six membres de la commission municipale (¹).

Cette réponse nécessita une nouvelle réunion. Les avis furent partagés : les uns voulaient qu'on opposât une résistance passive à cet acte exorbitant de spoliation ; ils craignaient d'ailleurs qu'en cédant trop facilement, ce ne fût un encouragement pour un ennemi audacieux de frapper de nouvelles réquisitions. Les autres, en plus grand nombre, redoutaient les conséquences d'une semblable détermination et faisaient envisager la responsabilité qu'ils encouraient envers leurs concitoyens, si un ennemi, doublement irrité d'un refus positif et des pertes énormes qu'il éprouvait sous les forts, livrait la ville au pillage.

C'est ce dernier avis, dicté par un sentiment de craintive modération, qui prévalut. Aussitôt 144 habitants se cotisèrent pour avancer à la ville, à titre de prêt, la somme ronde de 80,000 fr. Mais comme les espèces manquaient, on eut recours aux capitalistes du canton de Neuchâtel. Pour s'entendre avec eux et rapporter les fonds, il fallait se rendre en Suisse, et comme il n'était pas permis de sortir de la ville, le général donna un sauf conduit à trois délégués (²).

Mais la route était interdite par le blocus des forts, ce qui força ces délégués à passer avec un traîneau par les fermes de la Ronde, et à traverser, au péril de leur vie, la montagne couverte d'un mètre de neige.

Dans cette journée, les Prussiens, prétextant qu'un cheval d'un officier avait été soustrait, se livrèrent à des clameurs et à des menaces qui ressemblaient à de l'intimidation.

Mercredi 8 février. — L'artillerie des forts a grondé toute la nuit. On suppose, par l'attitude sombre des troupes de blocus qui rentrent en ville, qu'elles ont essuyé de nouvelles pertes.

(¹) MM. Gindre, maire ; Grandclément, professeur ; Bouvet, négociant ; Aimé Paillard, négociant ; Louis Girod, architecte, et Dornier, propriétaire.

(²) MM. Barrand, notaire ; Charles Gros, ancien maire, et Labrut, négociant.

Le général prussien manifeste au milieu des rues le plus grand courroux au sujet de prisonniers capturés pendant l'armistice du 1er février. Il convient d'attendre les explications du commandant du fort, car un officier français ne peut s'être rendu coupable d'une semblable fourberie sans provocation déloyale.

Sur le soir, des personnes arrivées de Besançon et se disant envoyées par le comité central républicain, apportèrent la nouvelle que les élections à l'assemblée nationale constituante [1] auraient lieu dans le département dimanche prochain 12 février. Elles répandirent des bulletins portant pour candidats les noms de MM. 1° Alfred Grévy, bâtonnier de l'ordre des avocats à Besançon; 2° Fernier, maire de Besançon; 3° Louis Girod, architecte à Pontarlier; 4° Brelet, avocat à Baume-les-Dames; 5° Briot, professeur à l'école normale supérieure; 6° Cuvier, fondeur à Seloncourt. C'est la première nouvelle politique reçue dans l'arrondissement de Pontarlier depuis quinze jours. Toute communication et correspondance étaient interdites avec la France et même avec Besançon.

Jeudi 9 février. — Jour de foire, mais sur l'almanach seulement, car il n'est venu ni vendeurs ni acheteurs.

Les combats continuent sous les forts, et cependant l'ennemi acheminait ses trains d'équipages, ce qui indiquait qu'il se préparait à abandonner la place et la ville.

Il se confirme que les élections auront lieu dans trois jours, malgré que l'état des esprits ne soit guère empreint de la maturité nécessaire. De nouvelles listes nous arrivent; l'une d'elles, qui s'annonce comme liste de conciliation, porte les noms de MM. Thiers; Albert Grévy; Werner de Mérode, ancien député; Mettetal, propriétaire à Montbéliard; Monnot-Arbilleur, agriculteur, et Charles de Vaulchier.

L'impossibilité où sont les électeurs de se former, au milieu d'une armée ennemie, en l'absence de journaux, de correspondances et de réunions, une opinion sur les candidats, dont la plupart sont des noms inconnus, nuira nécessairement à la sincérité des élections.

Il est à redouter que les partis qui divisent si malheureusement la France, ne protestent plus tard, chacun dans son sens, contre de pa-

---

[1] Ce n'est pas sans raison que j'emploie ici le mot d'Assemblée *constituante*. C'est celui qui était alors dans les esprits et que je trouve *formellement* consigné dans les professions de foi des candidats. Qu'on discute maintenant si l'Assemblée est ou n'est pas constituante, peu m'importe; j'écris l'histoire du temps sans souci des appréciations postérieures.

reilles élections. Ce sera peut-être un nouveau chef de contradiction entre eux. La prudence des élus peut seule nous garantir de graves et malheureuses complications politiques.

A onze heures, un parlementaire du fort, accompagné de deux officiers prussiens, traverse la ville les yeux bandés pour apporter au général les explications sur la capture des prisonniers pendant l'armistice. Il résulterait de ces explications que, au mépris de la suspension d'armes, les Prussiens auraient essayé de mettre en batterie trois pièces de canon. C'est cette infraction déloyale aux règles de la guerre que le commandant a justement punie par la capture des hommes et des engins de guerre.

On a enterré aujourd'hui un officier français mort hier à la suite d'une blessure reçue le 1er février. L'assistance était nombreuse et, par son attitude décente et recueillie, répondait à l'appareil que les Prussiens affectaient d'apporter à l'enterrement de leurs chefs. Elle força le respect de nos ennemis eux-mêmes, car, lorsque le cortége, précédé du clergé, arrivait sur la place, deux compagnies prussiennes allant en sens contraire s'arrêtèrent et ne reprirent leur marche qu'après l'écoulement de la longue file des assistants.

Malgré que les trois délégués partis hier pour la Suisse eussent fait toute diligence, ils ne purent rentrer à Pontarlier qu'après midi. Les 80,000 fr. furent comptés dans la soirée. Par prévision, les notables demandèrent que le récépissé mentionnât que ce serait la dernière réquisition en argent. Pour toute consolation, le général répondit : « Oui, » pour ce corps d'armée, mais je ne puis prendre aucun engagement » au-delà. » On verra bientôt le sens de ces paroles.

Vendredi 10 février. — On ne doit pas s'étonner de la persistance du général à obtenir de suite les 80,000 fr., puisque, aussitôt la somme reçue, il a quitté la ville avec toutes ses troupes, n'y laissant que des infirmiers et des malades recommandés aux soins de l'autorité et des médecins civils.

Les forts étaient débloqués, les routes ouvertes; on semblait renaître à la liberté. Cette joie générale était toutefois modérée par le pressentiment, trop tôt justifié, d'une prochaine réoccupation.

Les habitants des campagnes, débarrassés de leurs hôtes insatiables, arrivent en ville pour se réapprovisionner. Ils racontent ce qu'ils ont souffert de ces soldats farouches, plus dévastateurs encore dans les campagnes que dans les villes, où, en l'absence de chefs supérieurs, ils donnaient un cours plus libre à leur licence et à leurs déprédations. Je n'ose redire encore tous les actes de ce vandalisme organisé et ostensiblement toléré, sinon commandé. Pour peindre le malheureux état d'une population, on dit parfois qu'elle est traitée en pays conquis. Mais jamais peut-être la conquête n'a été aussi hideuse que sous ces descendants des premiers Barbares du Nord.

Toutes les routes qui de Pontarlier se dirigent en Suisse étaient bordées et encombrées de milliers de voitures, charrettes, fourgons, etc., abandonnés par l'armée française en retraite. On ne rencontrait que cadavres de chevaux morts sur la neige, débris d'armes, éclats d'obus, harnais, malles et valises enfoncées, chaussures, képis, casques prussiens : toute la dévastation d'un dernier champ de bataille et d'une déroute sans exemple.

Les Prussiens tués étaient enterrés çà et là, mais principalement dans une grande fosse creusée dans un champ en face du pavillon du moulin Maugain.

On annonce *officiellement* que les élections pour l'Assemblée constituante sont fixées au dimanche 12 février. Le parti républicain et le parti monarchique se sont agités à l'envi pendant ces vingt-quatre heures. Le *fonctionnarisme*, la pire des aristocraties, parce qu'elle est avide et servile, s'est démasqué dans cette circonstance et a fait connaitre ses tendances réactionnaires en faveur d'une monarchie d'empire ou d'une royauté quelconque.

N'y a-t-il pas imprudence, au milieu des maux qui nous affligent, pendant les troubles de la guerre et dans l'état de division où sont les esprits, à agiter de pareilles questions? Ne doit-on pas attribuer nos malheurs à ceux qui ont soutenu le dévergondage dictatorial de l'empire? Ne doit-on pas craindre des soulèvements et la guerre civile dans le brusque changement d'un gouvernement proclamé de nécessité et qui ne réclame, pour s'asseoir, que le concours des gens de bien et le désintéressement de tous?

A Dieu ne plaise que je veuille aujourd'hui élever des récriminations; mais si j'avais pensé, avec des hommes dont je respecte le caractère et honore les talents, que le gouvernement d'un seul est le meilleur, je serais bien guéri de cette opinion en réfléchissant à ce que les empires et les monarchies nous ont procuré de maux et de désastres depuis 1789. En France, la liberté ne succombera qu'avec la patrie. Si la République est tombée deux fois par les excès de quelques démagogues, cinq monarchies ont été emportées, depuis 1789, pour n'avoir gouverné que dans un interêt dynastique et avoir refusé avec une persistance impolitique les libertés civiles.

Samedi 11 et dimanche 12 février. — La ville n'a d'autre animation que celle produite par la préoccupation des élections; le public en général et les gens de la campagne en particulier sont dans la plus grande ignorance sur les opinions et la valeur des candidats et ne peuvent asseoir leurs résolutions.

Le commandant des forts descend en ville. Il nous apprend que l'effectif du fort de Joux était de 370 hommes, et celui du fort du Larmont de 174. C'est avec cette poignée de défenseurs qu'il a pourvu à la sûreté des forts et repoussé les attaques incessantes d'un ennemi qui l'enveloppait. Honneur à cette garnison et à son chef!

Ils auront peut-être à combattre, car l'ennemi est à nos portes. Deux uhlans sont venus en reconnaissance jusqu'à Pontarlier en passant par Frasnes et la Rivière. Le commandant visite les lieux d'attaque, afin de combiner les moyens de défense les plus efficaces.

On apprend avec une vive inquiétude l'apparition d'un nouveau fléau; c'est le typhus contagieux des bêtes à cornes ou peste bovine. L'administration supérieure et un arrêté municipal prescrivent des mesures sanitaires propres à arrêter les progrès et la propagation de ce fléau. L'intérêt public en commande la stricte exécution, et leur infraction doit être réprimée avec une sévérité proportionnée au mal qu'il s'agit d'éviter.

Au dépouillement du scrutin, on a vu, non sans surprise, apparaître dans la salle M. Beauquier, sous-préfet fugitif, et d'autres fonctionnaires qui, comme lui, avaient abandonné leur poste au moment du danger.

Lundi 13 février. — Le résultat des élections a été connu ce matin : la liste portant MM. Thiers, Albert Grevy, Werner de Mérode, Mettetal, Monnod-Arbilleur et Charles de Vaulchier a obtenu une forte majorité dans l'arrondissement. On présume qu'il en est de même ailleurs, et on regarde comme certain que ces hommes, tous honorables, seront appelés à l'Assemblée chargée de rédiger une Constitution en harmonie avec la forme de Gouvernement qu'elle croira devoir adopter.

Cette question est la plus importante et la première à décider. Elle renferme une guerre civile sous une Monarchie ou la régénération de la société sous une République à laquelle doivent se rallier tous les gens de bien et tous les amis de l'ordre et de la liberté.

La santé publique réclamait avec instance l'enfouissement des nombreux animaux morts dans les rues et aux abords de la ville. Un arrêté municipal décida que chaque habitant concourrait à ce travail, soit personnellement, soit par une contribution de 4 fr., au choix.

Un corps isolé de cavaliers français a traversé aujourd'hui les communes de la Rivière et de Bouverans, se dirigeant sur le département de l'Ain. Les chefs s'informaient s'il y avait des troupes prussiennes dans le voisinage, mais ils ne donnaient aucun renseignement sur leur destination. Serait-ce l'avant-garde de l'armée de Belfort?

Mardi 14 février. — La peste bovine étend ses ravages. Nouvel arrêté du maire prescrivant des mesures sévères pour éviter la propagation de ce terrible fléau.

Sur le soir, est arrivé un homme se disant soldat de l'armée des Vosges et annonçant que les conditions de la paix étaient réglées ; que la France conservait son territoire et ses forteresses, qu'elle ne paierait aucune indemnité et que le comte de Paris montait sur le trône. Quelque incroyable que soit cette nouvelle, elle est accueillie avec cette croyance qui part du désir, par ceux qui poussent au renversement de la République. Leur joie a été courte, car on reçut des journaux qui apprirent que l'ennemi tenait plus à notre territoire, à nos places fortes et à nos milliards, qu'à la royauté, qu'il nous laissait le soin périlleux de choisir ou de rejeter.

Mercredi 15 février. — Un télégramme officiel nous annonce que l'armistice est maintenant applicable à l'armée de l'Est et aux départements du Doubs, du Jura et de la Haute-Saône. La conséquence favorable que le public tire de cette bonne nouvelle, c'est que le pays ne serait plus occupé par les armées allemandes et serait exempt de ces réquisitions faites à main armée, de ces vols, de ces pillages, de ces outrages, dont il venait de tant souffrir.

Si cet armistice fait cesser la guerre, le public voit avec inquiétude l'apparition de ces prétendants qui n'ont pas su conserver un trône et qui le convoitent au milieu des décombres, au risque, on peut même dire avec la certitude de provoquer le désordre et la guerre civile. Que leur conduite ambitieuse est coupable ! Si, comme ils le disent, la prospérité de la France est leur unique désir, qu'ils cessent leur postulation et qu'ils respectent le Gouvernement de fait que la France possède du consentement de tous. Que penser lorsqu'on voit Louis Buonaparte se donner le titre d'empereur, et dans une proclamation au peuple français, datée de Wilhemshöhe le 8 février 1871, revendiquer la France comme son patrimoine?

Jeudi 16 février. — Le marché aux grains continue à rester nul. Les habitants des campagnes viennent en ville pour leurs approvisionnements, mais la ville elle-même manque de beaucoup de choses nécessaires : les routes n'étant pas libres, on ne peut rien recevoir du dehors.

Vendredi 17 février. — A dix heures du matin, un escadron de uhlans et 1200 hommes du 9e régiment du royal Colbert font irruption dans la ville. La population est dans l'épouvante : confiante en l'armistice, elle ne s'attendait pas à cette inquiétante apparition.

C'était une nouvelle occupation, aussi impitoyable que la première, et plus terrible encore par l'épuisement du pays et la douleur de la surprise.

Comme au 1er février, les troupes s'installaient d'office chez l'habitant par groupes de 6, 8, 10, 12 et 16, et se faisaient nourrir confortablement. Les officiers s'informaient si le maître de la maison faisait bonne chère, et, par politesse, demandaient l'heure des repas : ils invitaient sans façon leurs camarades, mais ils ne se comportaient pas brutalement.

Quant aux réquisitions, elles se firent avec les mêmes exigences, la même rapacité et la même rudesse.

Pour adoucir notre malheur, il nous arrive un rayon de bonheur. On apprend que la garnison de Belfort est sortie avec les honneurs de la guerre, sans avoir capitulé, et qu'elle arrive à Pontarlier. On prépare une fête à ces derniers et glorieux défenseurs de la patrie.

Samedi 18 février. — Chaque fois qu'il s'agit de parler des réquisitions et des déprédations prussiennes, il faudrait recommencer un de ces dénombrements homériques qui agacent et irritent. Aux termes de l'armistice, l'ennemi n'avait droit qu'au logement, et le maire en avertit officiellement ses administrés. Mais l'habitude du pillage est telle chez ces barbares, qu'ils n'ont pu rompre avec elle. En ville, des soldats entrent dans un magasin, demandent ce qui leur convient en feignant de vouloir payer, et lorsque l'objet leur est livré, ils s'évadent, laissant le marchand derrière son comptoir tout ébahi de ce genre de filouterie. Dans les campagnes, les choses se passent avec moins de retenue et plus brutalement. On ne songeait pas à se plaindre : ne savait-on pas d'avance que c'était inutile?

Le maire faisait annoncer aussi que l'occupation ne devait être que temporaire et seulement pour le temps du passage de l'armée de Belfort, à laquelle les honneurs militaires étaient dus par l'armée allemande; mais la satisfaction fut de courte durée, car on apprit dans l'après-midi, par une dépêche du général commandant le département, que la ville de Pontarlier devait, d'après l'armistice, recevoir une garnison allemande.

Et en effet, pour commencer son installation, le commandant prussien fit établir à la hâte une vingtaine de bahuts, espèces de guérites sans points d'appui sur le sol. Un gamin, soit hasard, soit malice, s'est heurté contre le derrière d'un de ces abris improvisés et l'a abouché avec le factionnaire pris comme dans une souricière: il l'a laissé se débrouiller et a pu, grâce à l'obscurité, se dérober par la fuite.

Dimanche 19 février. — La peste bovine fait en ce moment d'effroyables ravages dans la commune de Chaffois, déjà si éprouvée par le combat du 29 janvier et par le passage des armées. 640 bêtes ont été jetées dans le précipice du Jardel. Aussitôt que la maladie se déclare dans une écurie, tous les animaux qu'elle renferme périssent en peu de temps.

Cette calamité est la conséquence de la guerre. Déjà en 1814, à la suite de l'occupation autrichienne, la peste bovine se répandit en France. Les mesures de police les plus rigoureuses avaient été prises pour arrêter les progrès du fléau. Elles ne purent qu'atténuer le mal.

On se rappelle que M. Beauquier, sous-préfet, avait déserté son poste à l'arrivée des Prussiens. Une protestation contre ce fonctionnaire avait signalé à l'autorité supérieure sa fuite à l'étranger et l'abandon des archives et du mobilier de la sous-préfecture. M. Beauquier a cru devoir répondre à cette protestation dans le *Journal de Pontarlier* d'aujourd'hui. Cette réponse, plus ironique que justificative, ne pourra jamais l'absoudre, ni ces fonctionnaires largement salariés qui n'entendent étaler leur autorité qu'en temps de paix, et sont d'autant plus coupables que, par leur désertion, ils désorganisent les pouvoirs que la centralisation a mis entre leurs mains.

Grande rumeur au sujet des décrets prononçant la destitution des magistrats qui, en 1852, avaient siégé dans les commissions mixtes. On peut avec raison contester la constitutionnalité de ces décrets, mais on ne peut méconnaitre qu'ils soient frappés au coin de la moralité. La loi a pu être violée, mais l'opinion publique a été consolée. Les magistrats atteints par ces décrets ont bien pu protester quant à la forme, mais le fond subsiste comme une sentinelle avancée de l'avenir. L'indépendance du magistrat par l'inamovibilité est une fiction trop souvent démontrée par l'acheminement à de plus hautes fonctions.

Les réquisitions forcées ne s'arrêtent pas. Aujourd'hui, les soldats prussiens se sont abattus sur le village d'Arçon, où ils ont chargé sur des voitures amenées exprès toutes les denrées et tous les objets de convoitise ou de fantaisie; ils ont même, chez un habitant [1], pillé jusqu'au pain de la famille; cependant, sur ses vives instances et montrant ses enfants, il a obtenu qu'on lui en remît une partie. Tous ces objets, enlevés avec violence, sont centralisés à Pontarlier et expédiés pour une destination inconnue sur des voitures qui stationnent sur la place Notre-Dame.

Lundi 20 février. — Non contents de s'installer en maîtres chez les habitants et de s'y faire nourrir, les Prussiens se sont emparés du télégraphe et du chemin de fer, de sorte qu'il est impossible de communiquer avec les départements. Ils saisissent les lettres à la poste ; ne laissent circuler que les journaux qui leur conviennent; ceux, bien inoffensifs, de la localité subissent leur censure et ne paraissent qu'après correction et mutilation. C'est le despotisme militaire dans sa plus haute expression.

Au milieu de cet etat de compression, on est heureux d'entendre nos malheureux blessés français adresser aux personnes dévouées qui les entourent ces questions entrecoupées par les approches de la mort : Qui est-ce qui a gagné? Sommes-nous victorieux? Sont-ils battus? Et si, pour leur donner une dernière satisfaction, on leur répond par une espérance, leurs yeux brillent encore, leurs joues se colorent, ils ne sentent plus leurs douleurs. Honneur à de pareils sentiments, espoir de la patrie dans des moments plus propices.

La question de la royauté circule de nouveau comme un bruit étrange. On annonçe que le comte de Paris refuse la couronne avec l'amoindrissement de la France. Cette détermination serait noble et politique : noble, parce qu'il se montrerait digne de la couronne en renonçant à la porter; politique, parce que son trône, élevé sur les baïonnettes ennemies et acquis au prix d'un amoindrissement de la France, chancellerait dès le premier jour et serait renversé au premier choc de l'opinion publique et des idées libérales de 1789 qui ne rétrogradent pas. C'est parce que ces idées ont été déniées et repoussées, que nous avons éprouvé tant de révolutions depuis quatre-vingts ans. Ce n'est plus le temps où les peuples étaient faits pour les rois; aujourd'hui, ce sont les monarques qui doivent convenir aux peuples, et

---

(1) M. César Bourdin.

lorsque les trônes sont vacants, c'est la République qui les remplace.

Ce qui se passe en Espagne doit servir d'exemple. Un roi appelé par les cortès entre dans sa capitale teinte du sang de son premier ministre. Il désire faire des réformes utiles, il en est empêché par les courtisans et les fonctionnaires de haut et bas étage qui se disputent les priviléges, les honneurs et les places. C'est là le malheur d'obsession qu'entraîne la royauté; c'est aussi le malheur des peuples victimes de tous ces avides intrigants.

Mardi 21 février. — Mardi-gras, jour des saturnales dans la religion païenne, dont le souvenir s'est perpétué parmi nous par des travestissements et des réjouissances. Cette année, tout est calme. La joie ne peut exister là où le dénûment et la misère frappent à toutes les portes; elle ne peut se mêler aux larmes des familles. La pudeur publique a compris tout ce qu'il y aurait d'indécent à se réjouir en face de tant de désolations.

Notons en passant un petit incident qui a une certaine couleur *carnavalesque*.

Le sous-préfet envoie à la supérieure du couvent des dames de Saint-Maur l'injonction suivante :

« Madame l'institutrice communale est priée de vouloir bien me renvoyer immédiatement les matelas, sommiers, etc., *m'appartenant.*
» J'ai des soldats prussiens à loger. Si Madame l'institutrice se refuse
» encore à me rendre le reste de la literie de la sous-préfecture, je me
» verrai obligé, à mon grand regret, de lui envoyer la gendarmerie.

» *Le sous-préfet*, CH. BEAUQUIER. »

Or, ces objets mobiliers avaient été mis à la disposition de l'ambulance établie dans l'institution de Saint-Maur par l'autorisation suivante :

« Le maire de Pontarlier autorise les sœurs de Saint-Maur à prendre
» à la sous-préfecture tout ce qui pourra, dans le mobilier, servir pour
» l'ambulance.

» Pour le maire :
» *Le conseiller*, GRANDCLÉMENT.
» Du consentement de M. le commandant,
» *L'adjudant des troupes allemandes*, signé..... »

C'était le 3 février 1871. Alors le sous-préfet avait déserté son poste et abandonné le mobilier *du département.*

Mais, en même temps qu'il réclamait ce mobilier, il envoyait à Madame veuve Couturier une *réquisition* pour avoir quatre paires de draps, douze serviettes, deux coussins carrés en plumes, quatre taies d'oreillers.

Mercredi 22 février. — Nous sommes toujours sans journaux officiels. — Des étrangers répandent le bruit que la paix est conclue. Nous payons une subvention de guerre de six milliards sans cession de territoire ni de forteresses. Malgré l'énormité de cette rançon, on se réjouissait de ce que la France n'était pas morcelée et de ce que nous n'abandonnions pas nos compatriotes de Lorraine et d'Alsace. Ce n'était qu'une plaie d'argent, et on sait que ce n'est pas mortel. L'honneur était sauf. Mais hélas ! !

J'ai voulu revoir le champ de bataille où s'est livré le combat du 1er février, en avant du fort de Joux. Il ne reste plus, du désastre de notre retraite, que 4 à 500 voitures ou charrettes; une douzaine ont roulé dans la rivière ; les bords de la route sont jonchés de harnais, de valises défoncées, de malles brisées, de lambeaux de couvertures, linges et habillements, le tout souillé et dans un désordre inexprimable.

Si le général Clinchant avait exécuté son projet de protéger la retraite par une défense en avant de Pontarlier, tout ce matériel eût été sauvé, et la ville n'eût peut-être pas été envahie; d'ailleurs, qu'a-t-elle gagné par une obéissante soumission ? De se voir pillée et réquisitionnée à merci.

Un rapprochement me vient à l'esprit : c'est que ce dernier combat de notre armée en retraite s'est livré au même endroit où j'ai vu en 1814 les Autrichiens établir leurs batteries, derrière des épaulements que le temps et les travaux du chemin de fer et de la route ont fait disparaître.

Jeudi, 23 février. — On ne se douterait guère que c'est aujourd'hui jour de marché : point d'étalages, point d'étrangers, pas un sac de grain à la halle qui, d'ailleurs, sert de magasin à l'ennemi. Partout le calme et la résignation.

La ville a été réveillée tout à coup de ce morne silence par l'arrivée subite de 1,600 soldats de Belfort, avec armes et bagages. Les habitants les ont fêtés : c'était à qui les aurait, tant était grande la joie de revoir, à la barbe de l'ennemi, nos soldats disciplinés, pleins d'ardeur et portant fièrement les armes avec lesquelles ils avaient repoussé l'ennemi dans vingt combats sous Belfort. Cette satisfaction ne m'a pas été accordée. Au lieu de Français, j'avais à héberger, par ordre, un officier prussien avec ses deux ordonnances, et un second qui s'était imposé chez moi avec ses servants.

Le général prussien, alléché par les 90,000 fr. qu'il avait obtenus, répondit à cette démonstration patriotique par une réquisition de 575 mille francs, à répartir entre les quatorze communes du canton de Pontarlier. La quote-part de la ville était fixée à 245,000 fr. Quatre jours étaient accordés pour faire ce versement, sous peine d'exécution militaire.

Quel parti prendront nos administrateurs? A l'impossible nul n'est tenu et, quelles que soient les conséquences d'un refus, il convient de ne pas souscrire à une pareille menace. Ces pillards auraient conscience de notre faiblesse et tout serait perdu sans retour. Ils ont pour système de détruire la France, mais ils n'anéantiront jamais son énergie, qui se retrempera par le malheur : mutilée, elle renaîtra de ses cendres. En restant unie de sentiments et de patriotisme, elle sera toujours la première nation par les lettres, l'industrie, le goût du beau et des vertus guerrières.

Vendredi, 24 février. — Les soldats de Belfort sont partis ce matin dans la direction de Lyon. Après midi, ils ont été remplacés par une colonne de 2,000 hommes sous les ordres du colonel Denfert. Des fleurs et des couronnes ont été jetées sur leur passage : une jeune fille, à la tête de ses compagnes, a offert au colonel un superbe bouquet et l'a complimenté. Cette manifestation, toute spontanée, sous les yeux de nos ennemis, a été, après tant de lâchetés et de désastres, applaudie par tous les cœurs français.

La réquisition de 575,000 fr. continue à préoccuper notre administration municipale. Comme toutes les communes du canton doivent contribuer à cette spoliation, M. le maire vient d'inviter ses collègues à se réunir, lundi 27, pour aviser. Le parti de la résistance prend le dessus et, s'il faut subir otages et pillage, on s'y résignera plutôt que de se soumettre à l'avidité d'une nation insatiable.

J'entends répéter avec complaisance, par des hommes au cœur plus prussien que français, que, dans nos guerres avec la Prusse, nous avons commis toutes les déprédations dont nous souffrons aujourd'hui. Non, jamais l'armée française n'a été autorisée par ses chefs à incendier, à assassiner et à voler comme moyen de conquête. Elle se battait loyalement et, victorieuse, elle respectait la personne et les biens ([1]).

Samedi 25 février. — Chaque jour amène des soldats de Belfort, remplaçant ceux arrivés la veille : et chaque jour est une fête nouvelle.

Cette satisfaction passagère est troublée par l'attente du résultat des négociations de la paix. On s'inquiète moins des milliards que de l'abandon de nos provinces : ils peuvent être payés sans représailles, tandis qu'à la honte de céder nos compatriotes, se joint le désir de la vengeance et la crainte d'une guerre à venir.

Malgré l'armistice, les réquisitions ou plutôt les pillages continuent. J'ai rencontré aujourd'hui des Prussiens allant, avec dix voitures à deux et trois chevaux, butiner dans les campagnes, et c'est tous les jours de même, tantôt sur un point, tantôt sur l'autre, de manière à surprendre les gens de la campagne. Il est bien évident que ces sortes d'expédition n'auraient pas lieu si elles n'étaient autorisées, peut-être même commandées par les chefs.

La mort moissonne les habitants aussi bien que les militaires. Les inquiétudes, les insomnies, les tortures morales, provoquent des maladies promptement mortelles. Le nombre des décès est si grand, que le fossoyeur a pratiqué dans le cimetière une large tranchée où les cadavres sont déposés dans une fosse commune ([2]).

Dimanche 26 février. — Dès les sept heures du matin, toutes les troupes françaises qui restaient en ville étaient rangées en ordre de bataille sur la place Notre-Dame et la place des Bernardines. Le défilé s'est fait avec un ordre et un ensemble admirables. Le colonel Denfert et son état-major ouvraient la marche et, aux sons vibrants des tambours et des clairons, cette masse d'hommes et d'équipages quittait la ville à sept heures et demie.

Les Prussiens, en grand nombre, suivaient en silence tous ces mou-

---

([1]) Les infractions étaient sévèrement réprimées et je tiens de source certaine que, pour une poule trouvée dans le porte-manteau d'un sous-officier, et malgré qu'il fût constant qu'il ne l'avait cachée que par camaraderie et pour éviter à un de ses soldats la punition qui le menaçait, ce sous-officier a été dégradé.

([2]) Aujourd'hui, un cortége nombreux accompagnait le convoi d'un jeune lieutenant du génie, plein d'espérances, du nom d'Anatole Bussy, d'Epinal,

vements. Leur étonnement devait être grand en voyant la fierté martiale de ces troupes, leur discipline, et cette promptitude d'exécution dans le commandement qui contraste avec la pesanteur des troupes allemandes.

Pour faire la contre-partie des démonstrations qui ont accompagné ce départ, les Prussiens ont fait, de leur côté, une entrée solennelle dans la ville, précédés de leurs tambours de basque et de leur chétive musique. Ils se sont rangés sur la place de l'Eglise et, au moment du prône, un coup de fusil a procuré aux fidèles un sursaut mêlé de crainte.

On attendait avec autant d'impatience que d'inquiétude la dépêche qui devait annoncer la paix ou la continuation de la guerre. Elle n'arriva qu'à sept heures du soir. Elle portait en substance: « Abstenez-vous de toute hostilité; l'armée prussienne a reçu une semblable injonction. » C'est une lueur d'espérance pour la paix; mais Dieu veuille qu'elle ne soit pas achetée au prix de la cession de l'Alsace et de la Lorraine. Le remède du moment pourrait être pire que le mal par les conséquences qui en seraient la suite inévitable.

Lundi 27 février. — Le télégramme si impatiemment attendu est enfin arrivé. Il annonce que les plénipotentiaires de la France et de la Prusse sont d'accord sur les bases du traité de paix, sans autre explication sur les conditions qui en font l'objet. C'est cependant ce qu'il importerait le plus de savoir, car la paix n'est pas douteuse; elle tient aux exigences de la Prusse; mais l'homme ne se compose pas absolument de calculs positifs pour son bien ou pour son mal, ce serait trop le ravaler. Tout ce qui tient au légitime orgueil, à la considération et à la gloire d'une nation, ne doit pas être oublié par son gouvernement. Or, quelle considération la France retirerait-elle à l'étranger de la cession de deux provinces? La honte, l'abaissement et le ressentiment d'une population toute française, abandonnée à un ennemi barbare.

Mes redites peuvent fatiguer le lecteur; je ne puis cependant cesser de dire toute la vérité, telle qu'elle m'apparaît aujourd'hui.

Les exactions de l'ennemi devraient, ce semble, cesser. Il n'en est rien. 50 uhlans viennent de partir avec des voitures vides pour rançonner les campagnes. Malheur aux habitants chez qui ces vautours s'abattront!

Ce soir, le hasard a fait découvrir, sur les bords du Doubs, le cadavre d'un officier français. Par son état de décomposition, il parait certain qu'il a été tué au combat du 1er février. Comme, au moment de la retraite, il avait été logé chez M. Ch. Gros, ancien maire, son identité fut constatée. Cet officier appartient à l'honorable famille de Beaupoil de Saint-Aulaire, de Paris. Par décret du 17 janvier 1871, il avait été nommé chef de bataillon du 3e régiment d'infanterie de marine. On l'avait dépouillé de la montre et du porte-monnaie qu'il avait sur lui à Pontarlier, mais on retrouva les billets de banque cousus dans ses vêtements. Son corps a été déposé à l'hopital.

Tous les maires du canton, convoqués pour aujourd'hui afin de délibérer sur la réquisition de 575,000 fr., ont été unanimes dans leur refus, quelles qu'en soient les conséquences.

Mardi 28 février. — Nouveau télégramme annonçant la signature de la paix, mais encore sans indication des sacrifices imposés à la France. N'oserait-on pas les avouer tant ils sont accablants et humiliants pour elle? Devons-nous ajouter foi à la sincérité de la dépêche privée qui nous arrive de Suisse? Elle vient de bonne source; mais cinq milliards d'indemnité, la cession de l'Alsace et d'une partie de la Lorraine, et la continuation de l'occupation allemande comme garantie du traité!!! Qui peut y croire?

Je ne redirai pas, une fois de plus, ce que j'ai déjà exprimé sur un pareil traité. Je me contenterai de maintenir mes pensées, la douleur dans l'âme et la honte sur la figure. J'ai encore un espoir : on affirme que M. Thiers refuse de signer ce traité et en appelle à un congrès des puissances européennes.

Mercredi 1er mars. — Service funèbre de M. le commandant Beaupoil de Saint-Aulaire. La population presque entière y assiste; un nombreux clergé précédait le cortége, et le cercueil était entouré par un détachement d'infanterie venu du fort de Joux. Par courtoisie, un piquet de Prussiens avait demandé et obtenu l'autorisation de se joindre à la cérémonie. Après l'absoute, le corps a été reconduit processionnellement à l'hôpital où il a été déposé pour, suivant les désirs de sa famille, être conduit à Paris lorsque les portes en seront ouvertes.

La courtoisie des Prussiens s'est épuisée par l'assistance au service funèbre, car ils continuent leurs exactions et pressent avec menaces le paiement des 575,000 fr.

On sait que l'exécution suit de près la menace, car le canton de Monteau n'ayant pas payé une réquisition de 220,000 fr., les Prussiens ont saisi et amené, à Baume-les-Dames, M. Pertuisier, ancien membre du conseil général. Dans un autre temps, M. Pertuisier avait reçu une décoration des mains du roi de Prusse. Indigné, comme Français, de la conduite de ce monarque envers la France, et froissé dans sa personne, il voulut rendre le signe de cette décoration à l'officier qui l'arrêtait, mais celui-ci ayant refusé de le recevoir, M. Pertuisier l'a renvoyé dédaigneusement au roi Guillaume. La paix signée, M. Pertuisier fut rendu à sa famille après trois jours de captivité.

Je constate ici, à sa date, qu'il m'a été envoyé (je ne sais ce qui a pu motiver cette préférence), de la poste de Bruxelles, la proclamation de Louis Buonaparte au peuple français, datée de Willhemshohe le 8 février 1871.

Jeudi 2 mars 1871. — Comme précédemment, le marché est nul. Personne n'ose exhiber ses marchandises ou ses denrées : on craint les réquisitions iniques de l'ennemi [1].

Nous espérons que ces violences vont enfin cesser, car un ordre du gouverneur général Bonnin, daté de Nancy, le 26 février 1871, porte : « Ni contributions ni impôts ne seront levés dès aujourd'hui : aux » sommes pas encore versées, il sera renoncé, et les sommes versées, » dès demain, par mésintelligence ou ignorance de cet ordre, seront » rendues. Les exécutions entamées seront suspendues immédiate» ment. »

Cet ordre a coupé court à l'impôt de 575,000 fr. frappé sur le canton de Pontarlier, à celui de 220,000 fr. du canton de Morteau, et de 193,000 fr. du canton de Montbenoît.

Vendredi 3 mars. — Au mépris de l'ordre qui vient d'être transmis, les Prussiens ont encore enlevé de force, dans le village d'Outhaud, plusieurs voitures de foin; ils ont même frappé à coups de sabre et de bayonnette un habitant [2] qui s'opposait à l'enlèvement de sa vache. Je l'ai vu tout ensanglanté : il a porté plainte; est-il besoin de dire que c'est inutilement?

Il n'y a plus d'illusions à conserver : la paix est acceptée avec ses dures et honteuses conditions. S'il y avait force majeure, n'était-il pas

---

[1] M. Griffon, maire de Dommartin, qui conduisait une voiture de fourrage pour son bétail, a été forcé de la céder pour se soustraire aux violences exercées sur lui et les siens.

[2] Le sieur d'Outhaud.

plus politique de ne voter ce traité qu'à une faible majorité, comme une protestation et une espérance?

A la même séance, un député demande le rétablissement de l'Empire. La Chambre lui répond en déclarant la déchéance de Napoléon III et de toute la famille Buonaparte.

Si la proposition de rétablissement a paru audacieuse et froissait les sentiments justement indignés de la nation, elle faisait ombre du moins aux créatures de l'ex-empereur qui, après l'avoir servi dans l'avilissement, le repoussent par ingratitude lorsqu'il est tombé.

Samedi 4 et dimanche 5 mars. — Le télégraphe entre Pontarlier et Besançon est enfin rétabli. Nous en étions privés depuis le 28 janvier. La voie ferrée n'est pas encore ouverte. Voilà plus de trois mois que nos approvisionnements sont arrêtés; le pain ne manque pas encore, mais les légumes frais et secs, et surtout le vin, font défaut en général. Les habitants des campagnes, qui viennent en ville pour recomposer leur garde-robe volée, ne trouvent pas à s'équiper.

Il a paru, ce matin, dans le journal de Pontarlier, n° 8, une réponse de mauvais goût de M. le sous-préfet Beauquier à une lettre qui lui avait été adressée par quelques honorables habitants sur sa fuite en Suisse et l'abandon de son poste à l'approche de l'ennemi. Les épigrammes qu'il lance contre les signataires ne justifient ni lui ni les fonctionnaires qui, au moment du danger, ont trahi leur devoir en conservant leur traitement.

Lundi 6, mardi 7 et mercredi 8 mars. — Le lundi, les officiers logés chez moi m'ont averti, avec une grande démonstration de joie, que toute la troupe cantonnée dans la ville avait reçu l'ordre de rentrer en Allemagne, et que le départ aurait lieu le lendemain; ils ajoutaient que l'occupation cesserait dès ce moment. Notre joie fut courte : d'une part, la troupe reçut contre-ordre, et d'autre part, il nous arriva, le mardi, un détachement de uhlans et 1500 hommes du 9me régiment du royal Colbert. Ce surcroît de troupes fit que chaque famille eut à héberger 4, 6, 8 et jusqu'à 16 militaires.

Le mercredi, mes officiers m'annonçaient, d'une manière positive, leur départ pour le lendemain.

Le jeudi 9 mars. — En effet, toute la troupe qui occupait la ville dès le 17 février, en sortit par la route de Morteau se dirigeant sur Belfort et Mulhouse; mais il restait à loger les soldats arrivés l'avant-veille. Les vivres étaient rares; mais la ration était devenue si exiguë, qu'il n'était pas possible de refuser un supplément, même à des ennemis devenus d'ailleurs beaucoup plus traitables depuis l'acceptation des préliminaires de paix. Le temps des vols et des pillages était passé; mais, au désagréable contact d'un ennemi d'hier, se joignaient les préoccupations des affaires politiques et le règlement de ses affaires personnelles. (Voir à la fin, note 3e.)

Du 10 au 22 mars. — Ordre de service uniforme dans les troupes d'occupation : postes à l'hôtel de ville et à la caserne; deux sentinelles à chaque entrée de la ville; chaque matin, exercices par compagnies; le soir, revue et inspection minutieuse des armes et des effets.

Ces réunions ont lieu sans bruit, sans confusion, et, dans la prompte exécution des ordres, on sent plus d'habitude de crainte et de soumission que d'esprit militaire. Si un soldat est accusé d'une faute, il vient humblement devant son chef, qui le réprimande et souvent le châtie ; il lui est interdit de répondre s'il n'est pas interrogé. J'ai vu, de mes propres yeux, un chef souffleter un soldat, lui arracher son casque, et après lui avoir permis de le ramasser, le reconduire à sa place à coups de pieds; puis, après avoir harangué la compagnie, retourner comme un furieux auprès de ce soldat, le souffleter de nouveau et lui asséner des coups de poing, sans que celui-ci cherchât à les éviter autrement qu'en baissant la tête et en mettant son bras devant sa figure. D'autres sont fortement attachés contre des arbres où reçoivent la *schlague* jusqu'à périr sous les coups.

Ces scènes se renouvellent pour la moindre infraction. Aussi le chef n'est pas aimé du soldat, qui le craint mais jouit en secret de ce qui lui arrive de fâcheux; j'ai remarqué ces dispositions chez les soldats que j'ai logés et chez les ordonnances de mes officiers.

Les principes de liberté et d'égalité qu'ils remarquent en France gagnent cependant sensiblement les soldats allemands; de l'opposition sourde et concentrée, ils en viennent déjà à la manifestation : on signale des rébellions isolées.

Si l'Allemagne a vaincu la France par son organisation qui tient encore de la barbarie, la France, dans cette guerre, l'aura avancée d'un demi-siècle dans les tentatives de réformes sociales. Plus l'occupation sera prolongée, plus les principes de liberté se répandront dans les masses et avanceront une révolution. Aussi l'Allemagne, de même que la

France, la première pour sa tranquillité, et la seconde dans un intérêt matériel, doivent, l'une plus que l'autre, songer à mettre promptement un terme à l'occupation.

Aujourd'hui, un cortége nombreux conduisait à sa dernière demeure M. Pierre-Etienne Baverel, militaire du premier empire, mort à 85 ans; il faisait partie de l'armée qui a vaincu les Prussiens à la bataille d'Iéna. Aussi la douleur que, comme Français et vieux soldat, il a ressentie de leur entrée en ville, a précipité sa mort.

C'est en 1857 que la décoration de Sainte-Hélène fut donnée aux militaires du premier empire. Nous étions 68 à Pontarlier. Il en reste 6, dont deux réduits dans leurs lits et 4 à peu près valides.

Dimanche 19 mars. — La neige couvre le sol d'une couche épaisse: les Prussiens ne peuvent faire leurs exercices et remplissent les cafés et cabarets, ce qui occasionne des rixes regrettables qui conduisent à l'indiscipline : 30 de ces militaires logés à Frasnes ont disparu ; déjà on soupçonnait les habitants d'une révolte, mais les recherches ont prouvé qu'il y avait désertion ; ce n'est pas la seule, et elles ont pour cause ordinaire le désir d'échapper à des punitions corporelles.

Mercredi 22 mars. — C'est la fête du roi Guillaume. A onze heures, grande revue. Après quelques évolutions, le chef, entouré de l'état-major, s'est placé au centre de la troupe et a prononcé une allocution ; puis, s'animant du geste et de la voix, il a poussé un vivat auquel il n'a été répondu que par un cri sourd et sans écho. Après midi, nouvelle réunion, nouvelles allocutions accueillies avec la même froideur. Il est difficile de dire si ce peu d'enthousiasme est dû à l'apathie du caractère allemand, ou à un sentiment peu sympathique envers le souverain, ou enfin à la lassitude de la guerre.

La population de la ville n'a pris aucune part à cette démonstration un peu théâtrale; quelques cafés en vogue ont été fermés en signe de deuil et de protestation. Cette disposition des esprits a amené, dans la soirée, des rixes entre soldats et habitants.

Les officiers se sont, de leur côté, réunis dans un banquet où, seuls à seuls, ils ont pu, à leur aise, fêter leur monarque. Ils avaient demandé au commandant du fort la permission de lui rendre visite; mais cette satisfaction cauteleuse leur a été, à bon droit, refusée : il eût été, en effet, dangereux de donner à un ennemi la facilité d'étudier les points faibles de la place lorsqu'il avait déjà exploré tous les points d'attaque des alentours.

Du 23 mars au 11 mai. — Les Prussiens continuent leurs exercices. Ils ont lieu sans bruit, sans animation, tels qu'une réunion de deuil attendant le départ pour le cimetière. Malgré qu'ils se fissent sous mes fenêtres, place des Bernardines, je ne m'en apercevais pas, à moins que mon attention ne fût éveillée par l'éclat de voix des officiers lorsqu'ils infligeaient des punitions corporelles à des soldats, ce qui ressemblait alors à un ignoble pugilat.

C'est, dit-on, le seul moyen de discipline à employer. Je crois, pour moi, que c'est tuer la force morale d'une armée : la crainte des chefs la faisant seule agir, elle ne résistera pas au courage et au dévouement du patriotisme français. Car, dans la guerre actuelle, ce n'est pas le soldat qui a vaincu la France, déjà sacrifiée à l'avance, mais bien le canon allemand. A chaque rencontre corps à corps et en nombre inférieur, le soldat français l'a emporté sur le soldat allemand. Un seul turco de passage à Pontarlier, provoqué et entouré par 5 ou 6 Prussiens, les a désarmés, a brisé leurs sabres sur son genou, et, sans autre vengeance, s'est éloigné en leur jetant un regard de dédain.

Deux officiers prussiens ont encore été enterrés avec apparat le 23 mars. Ce sont deux nouvelles victimes des combats de février. Il n'existe plus dans les ambulances que quelques blessés français et allemands de ces tristes journées, victorieuses pour nos armées, mais cruelles pour l'humanité.

Nous avons dit que les réquisitions avaient cessé; mais les exigences des officiers et des soldats n'avaient guère diminué. Le logement des officiers était extrêmement incommode. L'habitation était ouverte jour et nuit à tout venant. Leurs ordonnances devaient, toute la nuit, entretenir du feu et des lumières dans leurs chambres, malgré qu'ils eussent l'habitude de ne rentrer que de deux à cinq heures du matin. En se levant de huit à dix heures, ils demandaient du café, allaient à leurs occupations militaires ou tuaient le temps dans les cafés : c'était la vie de garnison dans toute sa stupidité et son marasme. Ils se logeaient à leur volonté, et s'il leur plaisait de rester chez vous, ils s'imposaient malgré que l'autorité municipale distribuât de quinzaine en quinzaine des billets de logement. Ils exerçaient le droit de conquête dans sa plénitude : c'était une torture de tous les instants et un crève-cœur qui oppressait.

Malgré les gracieusetés assez tudesques de ces officiers, ils n'ont pas mieux réussi à se faire admettre dans les sociétés intimes de la bourgeoisie que dans les cercles de la localité. S'il y a eu quelques écarts malséants, le *Courrier de la Montagne*, dans son numéro du 14 mai, a fustigé ces liaisons qui froissaient le sentiment national par ces trois souhaits qu'il adresse aux jeunes beautés qui n'auraient pas repoussé avec assez de dédain ces bourreaux de notre patrie :

« 1° Que, nouvelles Calypsos, elles ne puissent jamais se consoler du départ de leurs Ulysses allemands ;

» 2° Que, pendant toute leur vie, elles éprouvent le dédain de leurs compatriotes ;

» 3° Enfin que, pendant toute leur vie aussi, elles soient forcées, bon gré, mal gré, de coiffer le bonnet de leur patronne sainte Catherine. Amen. »

Un rapprochement en passant :

On affiche un décret faisant appel aux volontaires qui veulent concourir à la répression de l'insurrection de Paris. Le canton de Pontarlier n'a fourni que cinq engagements. Lors de la sédition de juin 1848, la ville avait fourni presque un bataillon. C'est le résultat du découragement en face des faits passés et présents.

Jeudi 11 mai. — Depuis deux jours, le chirurgien-major logé chez moi, m'annonçait avec joie son départ pour l'Allemagne; mais il m'informait en même temps que la garnison serait remplacée par la cavalerie polonaise du 5e corps. Je partageais bien la joie que lui causait son départ, mais j'étais contristé de la perspective d'une occupation indéfinie. Heureusement, cette dernière partie de sa communication officieuse ne s'est pas réalisée. On a supposé que nous en étions redevables à la réclamation du commandant du fort, obligé de se tenir sur le qui-vive, par la présence de 1500 ennemis à trois kilomètres de ses remparts, ou plutôt aux exigences de la confédération suisse, forcée de tenir des troupes sur le pied de guerre pour garder sa neutralité et surveiller ce corps allemand, éloigné seulement de cinq ou six kilomètres de ses frontières. Quoi qu'il en soit, nous fûmes, ce jour-là, débarrassés de la moitié de la garnison ennemie; elle prit le chemin de Frasnes par les Granges-Narboz.

Vendredi 12 mai. — Départ des derniers Prussiens. A la revue de la compagnie qui s'assemblait sous mes fenêtres, j'ai vu un officier pousser son cheval contre un soldat dans les rangs, lui arracher son casque, le frapper avec sa cravache après l'avoir jeté sous les pieds de son cheval, sans que ce malheureux osât bouger de place avant d'en avoir reçu l'ordre.

La ville parut déserte au premier moment, mais bientôt elle s'anima et chacun se préoccupa de rétablir chez soi l'ordre si profondément troublé par le passage des troupes et quatre mois d'occupation.

Dimanche 21 mai. — Les officiers prussiens cantonnés aux environs se sont donné rendez-vous à un banquet à l'hôtel de la Poste. L'accueil froid et réservé des habitants ne les a pas engagés à revenir.

Toute l'attention publique se reporte sur les moyens de cicatriser nos blessures. On s'attend aux plus grands sacrifices et on s'y résigne, s'ils doivent assurer l'ordre et la liberté. La nation est fatiguée de ces révolutions de dynasties où la volonté d'un seul suffit pour la précipiter dans l'abîme.

Elle a soif de repos. Qu'elle se rappelle donc que la République de 1848 a aboli la traite des noirs et la peine de mort en matière politique ; qu'elle a conservé la paix avec les peuples et conquis leur amitié ; que c'est à elle que nous devons le suffrage universel, la liberté d'enseignement, l'affranchissement de l'impôt du sel, l'uniformité et la modération de la taxe des lettres, la loi sur l'assistance judiciaire, la conservation du drapeau national et le retour à Rome du pape Pie IX, alors en exil à Gaëte.

Mais qu'elle se souvienne aussi que c'est aux impatiences royalistes de la chambre de 1849 que nous devons le crime du 2 décembre que des votes politiques n'ont pu innocenter ; que le gouvernement d'un seul nous a occasionné des guerres continuelles, a ruiné nos finances et nous a livrés à l'Allemagne par une politique de dynastie, d'ambition et d'isolement, politique fatale qui nous a aliéné l'amitié des puissances du monde entier ; elles ont pu nous plaindre dans notre malheur, mais aucune n'a consenti à nous secourir.

Ici encore qu'on me permette un rapprochement :

Napoléon Ier avait, en 1812, déclaré la guerre à la Russie. Moscou avait été brûlé et le Kremlin avait sauté. En 1814 et 1815, l'empereur Alexandre était à son tour vainqueur. Il comprit l'importance politique de la France, la traita en restaurateur de la liberté et s'excusa presque de l'avoir vaincue. Il tint, *lui*, la parole qu'il avait donnée de ne combattre que Napoléon Ier et son despotisme ; aussi son nom est-il resté populaire en France et sa mort y a-t-elle été regrettée.

Le roi Guillaume a fait les mêmes protestations à l'encontre de Napoléon III ; mais il a violé sa parole pour satisfaire son ambition ; s'il l'eût tenue, la France n'aurait gardé aucun ressentiment contre la Prusse et lui eût même été reconnaissante de l'avoir délivrée d'un joug ignominieux.

L'un a montré la noble générosité du vainqueur, l'autre une astucieuse, une barbare, une insolente avidité; l'un avait conquis l'amitié et la reconnaissance, l'autre a semé la haine et excité la vengeance.

Pontarlier (Doubs), le 15 juin 1871.

NOTES

Note 1re. — L'arrondissement de Pontarlier a été occupé militairement pendant dix jours, avec un effectif de 40,000 hommes et 6,000 chevaux, et pendant quatre-vingts jours avec 10,000 hommes et 1,500 chevaux. Du compte sommairement établi des réquisitions en argent et denrées, des enlèvements de bestiaux, chevaux, voitures, meubles, titres de créances, argent, bijoux, etc., etc., du logement et de la nourriture, l'arrondissement aurait supporté une perte de 3,571,000 francs, non compris les dommages présents et futurs d'une occupation dont le but était la destruction.

Pour se justifier, les chefs de cette armée, et avec eux, le dirai-je ? certains Français de nom, répétaient que nos armées avaient commis en Prusse de pareilles dévastations dans la guerre de 1806.

Cette allégation se trouve, à l'honneur de l'armée française, démentie par les ordres du jour, par la discipline et les punitions infligées aux militaires qui se livraient au pillage.

Alors, c'était la Prusse qui avait provoqué la France; elle avait été vaincue à Iéna, et cependant la France, victorieuse dans sa capitale, ne lui a réclamé comme subvention de guerre que 150 millions, c'est-à-dire la trente-troisième partie des cinq milliards arrachés au malheur, avec cette imprécation de Brennus mettant son cimeterre dans le plateau de la balance : *Væ victis !*

Les deux invasions de 1814 et 1815 avaient coûté à l'arrondissement chacune deux millions, pour une occupation de six mois entiers; celle des Prussiens surpasse ce chiffre pour un mois de guerre ouverte jusqu'au 26 février, date de la ratification des préliminaires de la paix. La raison de cette différence résulte de ce que l'alimentation des troupes d'occupation de 1814 et 1815 se faisait sur la réquisition des chefs de corps et la dislocation des troupes, adressées à une Commission instituée en intendance militaire, de sorte que toutes les distributions s'opéraient avec la régularité et l'ordre d'une armée de passage; tandis que les chefs prussiens s'abattaient comme des cosaques pour fourrager dans les campagnes, où les soldats enlevaient chevaux, bétail, argent, meubles, linge, etc., avec le double et le triple des denrées nécessaires à leur nourriture ; leur but était la destruction et l'anéantissement de la France.

Note 2me. — Les troupes internées dans le canton de Neufchâtel sont :

18e CORPS, 1re DIVISION :

9e chasseurs de marche ; 42e d'infanterie de marche ; 19e de mobiles du Cher ; 14e de marche ; 73e de mobiles (Loiret et Isère).

2e DIVISION :

12e chasseurs de marche ; 52e de marche ; 77e de mobiles (Tarn, Maine-et-Loire et Allier) ; 92e de ligne ; un régiment d'infanterie légère d'Afrique ; 80e de mobiles (Sèvres, Ardèche, Isère).

3e DIVISION :

4e de marche (zouaves) ; 81e de marche (mobiles) [Charente-Inférieure, Cher, Indre] ; 53e de marche ; 82e de mobiles.

Cavalerie :

2e régiment de marche (hussards) ; 3e de marche (lanciers) ; 5e de marche (cuirassiers).

Réserve :

Infanterie de marine ; 38e de ligne et 29e de marche.

Troupes entrées dans le canton de Vaud par Jougne et les Fourgs.

15e CORPS. — 3e DIVISION :

6e légion de marche (chasseurs) ; 16e de ligne ; 33e de marche ; 32e de mobiles (Puy-de-Dôme) ; 8e compagnie du 12e bataillon de chasseurs ; 8e compagnie du 8e bataillon de chasseurs ; 27e de marche ; 34e de marche et 69e de mobiles (Ariége).

20e CORPS. — 2e DIVISION :

34e de mobiles (Deux-Sèvres) ; 2e bataillon de mobiles de Savoie ; 3e de marche (zouaves) ; 2e et 4e bataillon du régiment provisoire du Haut-Rhin.

3e DIVISION :

4e de marche ; 78e de ligne ; mobiles de la Loire, des Pyrénées-Orientales, des Vosges et de la Meurthe.

24e CORPS. — 1re DIVISION :

15e bataillon de marche (chasseurs à pied) ; 63e de marche ; 1er régiment de mobilisés du Doubs et 83e de mobiles (Tarn-et-Garonne).

2e DIVISION :

16e chasseurs à pied ; 60e de marche ; 61e de marche ; 14e bataillon de mobiles ( ) ; 4e bataillon de mobiles (Loire) ; 1re légion des mobiles du Rhône ; 7e régiment de cavalerie légère ; 7e et 10e de dragons ; 6e de marche (cuirassiers).

Note 3me. — On sait assez que l'armée allemande était accompagnée de brocanteurs, de recéleurs et de pillards organisés pour dévaliser les palais, la boutique de l'ouvrier et la chaumière du paysan. Voici la copie textuelle d'une affiche qu'un sieur Machly, se disant ingénieur (lisez recéleur) à Hausbaden, près Badenveiler (grand-duché de Bade), a eu l'impudence de faire insérer, le 13 février, dans un journal de son pays. C'est la vente à un prix avantageux :

D'un secrétaire en bois de rose, tombeau à coulisses avec galerie bien dorée, serrures avec clefs à trèfles. Ce beau secrétaire a appartenu à Louis XVI et vient du garde-meuble de Paris. (Très-bien conservé.)

D'une table unique, Madame de Pompadour, avec incrustations délicates et minutieuses.

D'une console dorée avec marbre, Louis XVI, provenant du garde-meuble de Paris.

Le mobilier de l'impératrice Joséphine, de la Malmaison, doré, dans le meilleur état et complet.

Un merveilleux verre de cristal gravé, du xve siècle, première façon.

Un service à café, plateau avec galerie, Louis XVI.

Une pendule de salon monumentale, dorée au feu, avec globe.

Un lot de porcelaines, Japon, Chine, Sèvres.

Un lot de tapis d'Aubusson.

Un bahut italien à deux portes, bien plaqué, très-beau, du xve siècle.

Divers objets : girandoles époque Louis XV, suspensoirs, cuvettes à fleurs en cristal rose doré, candélabres dorés, lampes Carcel neuves, cage chinoise, un petit vaisseau sous verre qui traverse le canal de Suez.

Une étagère chef-d'œuvre, etc., etc.

L'outillage complet d'un orfèvre ou serrurier.

Une enclume de 2 à 300 livres.

Outils de *tous genres* : marteaux, tenailles, etc., etc.

Un grand tableau de Gérard : des *Enfants enlevés par un aigle*, 1er prix de l'Exposition de 1847.

Un grand tableau : *Combat de coqs*, 1er prix de l'Exposition de Paris, 1847.

Suzanne au bain, vieux tableau sur panneau.

Un paysage, petit mais ravissant.

Deux tableaux hollandais.

Quatre petits tableaux sur bois.

Deux copies espagnoles, ovales.

Un vieux tableau : la *Forge de Vulcain*.

Un lot de pastels de Lacroix.

Un tableau espagnol.

Quelques bonnes gravures, etc., etc., etc.

Le tout *garanti* de Paris.

19.5

www.ingramcontent.com/pod-product-compliance
Lightning Source LLC
LaVergne TN
LVHW022135080426
835511LV00007B/1135

9782011257925